XIANGCUN ZHENXING BEIJING XIA
DONGBEI DIQU NONGCUN CHANYE RONGHE
FAZHAN YANJIU

乡村振兴背景下
东北地区农村产业融合
发展研究

王延伟 ■ 著

人民出版社

序　言

　　2017 年 10 月,党的十九大报告提出乡村振兴战略,"农业农村农民问题是关系国计民生的根本性问题,必须始终把解决好'三农'问题作为全党工作的重中之重"。2021 年 3 月《中华人民共和国国民经济和社会发展第十四个五年规划和 2035 年远景目标纲要》第七篇为"坚持农业农村优先发展　全面推进乡村振兴"。2021 年 4 月,十三届全国人大常委会第二十八次会议表决通过《中华人民共和国乡村振兴促进法》,将该国家战略上升到法律层面。乡村振兴战略是关系全面建设社会主义现代化国家的全局性、历史性任务,是新时代"三农"工作总抓手。2021 年 11 月,党的十九届六中全会提出,党始终把解决好"三农"问题作为全党工作重中之重,实施乡村振兴战略,加快推进农业农村现代化。2022 年 10 月,党的二十大报告指出,"全面推进乡村振兴","全面建设社会主义现代化国家,最艰巨最繁重的任务仍然在农村。坚持农业农村优先发展,坚持城乡融合发展,畅通城乡要素流动"。

　　准确把握农村产业发展的着力点,深化农业供给侧结构性改革,促进农村一二三产业融合发展,为全面推进乡村振兴、加快推进农业农村现代化注入不竭动力。中国目前还有超过六亿人口生活在农村,乡村振兴战略能否实现不仅关系到农村发展,同时也关系到我国能否实现第二个百年奋斗目标——本世纪中叶把我国建成富强民主文明和谐美丽的社会主义现代化强国。

2003 年 10 月,中共中央、国务院发布《关于实施东北地区等老工业基地振兴战略的若干意见》(以下简称《若干意见》),明确了实施振兴战略的指导思想、方针任务和政策措施。东北地区这里指的是黑龙江省、吉林省、辽宁省和内蒙古自治区东北五盟市(为方便数据获取和比较分析,文中部分内容用内蒙古自治区代指内蒙古自治区东北五盟市),也是我国区域发展"四大板块"之一。2021 年,东北三省及内蒙古自治区作为 13 个中国粮食主产区中的 4 个,占全国粮食产量的 26.78%。东北地区是我国重要的粮仓和农业基地,三省一区既有各自的特点,也有很多共同之处。根据第七次全国人口普查的数据,东北地区的农村人口还有 3784 万人,占到总常住人口的 33.7%。东北地区农村经济发展及这部分人口人均可支配收入的高低不仅会影响到东北老工业基地振兴,也会影响我国乡村振兴战略的实现与否。

东北地区作为我国的粮仓,乡村振兴战略的实现仅仅靠发展农业是远远不够的,需要第一产业的农业与第二、三产业的深度融合。而根据东北粮仓及老工业基地的特点,实施东北地区农村产业融合发展,从理论上丰富农村产业融合发展的理论体系,从实践上可以为东北地区农村产业融合发展政策制定提供理论支持,并为其他地区农村产业融合发展提供借鉴。

本书主要内容共分成三个部分,分别是理论部分、现状问题部分和对策建议部分。理论部分从"乡村振兴战略"和"农村产业融合"两个方面入手,分析乡村振兴战略的重要意义和东北地区农村产业融合发展的重要作用。现状问题部分分成两个部分,其中现状部分分区域对东北地区农村产业融合发展基本情况、融合度进行研究;问题部分总结了东北地区农村产业融合发展的主要问题,并进行了原因探析。对策建议部分基于东北地区农村的实际情况,结合国内外经验,从总体思路、基本原则和具体措施三个方面提出东北地区农村产业融合发展的对策建议。

　　本书的完成主要基于吉林省科技厅科技发展规划项目"乡村振兴背景下吉林省农村产业融合发展模式及政策研究"(项目编号:20220601135FG)和吉林省教育厅人文社科研究项目"吉林省文化和旅游产业融合发展研究"(项目编号:JJKH20210117SK)研究成果的拓展,并得到这两个项目的资助。除此之外,作者所工作的东北电力大学和作为客座教授的广东亚视演艺职业学院也为本书的出版给予了资助。同时,在课题研究和本书的写作、出版过程中,张丽娟老师和胡天作、王欣、王艺璇、佟斯亮、张瑜珂、闫铁、王钰淇、高铭呈、田子玄、刘佳妮、汤学涛、梁小庭等研究生也作出了贡献。

目　　录

结　语 ·· 158

第一章　乡村振兴战略概述

第一节　乡村振兴战略的提出及演变

一、乡村振兴战略的提出

2017 年 10 月,党的十九大报告提出乡村振兴战略,该战略以习近平总书记关于"三农"工作的重要论述为指导,按照产业兴旺、生态宜居、乡风文明、治理有效、生活富裕的总要求,对落实乡村振兴政策做出阶段性谋划,致力于改变当下我国农村在人居环境、文化建设、产业发展、基层治理和农民增收等方面的落后现状,大力提升农村发展效率,为实现城乡融合发展打好基础。

党的二十大报告提出要全面推进乡村振兴,乡村振兴的根本目的是让农民富裕起来,通过发挥农村资源、生态和文化的优势,加快发展乡村产业,缩小城乡差距,实现农民增收。实施乡村振兴战略,逐步实现农业农村现代化发展,这是我国社会主义现代化建设的一项重大任务,在我国"三农"发展进程中具有划时代的里程碑意义。在乡村振兴战略中,最为基础的措施是实现产业兴旺,以产业兴旺带动农村的经济发展,实现农民增收。而农村产业融合发展可以提升农产品附加值,优化农村产业结构,延长农业产业链,为农村产业发展提供新活力,为农民增加收入提供新动力,是促进产业兴旺继而实现乡村振兴的重要路径。因此要实现产业兴旺,必须把农村产业融合发展作为根本途径,农村产业融合发展的质量会直接影响我国社会主义现代化建设的质量。

二、乡村振兴战略的演变

新中国成立初期,为了尽快建立完整的工业体系,城市和工业是我国的发展重点,实施的是重化工业优先发展战略。但随着我国工业体系逐步完备,我国城乡发展不平衡不充分的问题集中凸显。党的十一届三中全会的召开,使党的工作重心转移到社会主义现代化建设上,也启动了农村改革的新进程。①如表 1-1 所示,由城乡发展战略指导思想演变过程可以看出,我国城乡发展战略经历了从单一的重化工业优先发展、统筹城乡经济社会发展一体化到现在的农业农村优先、实施乡村振兴战略的路径转变。从党的十一届三中全会开始,农业农村问题一直是党的工作的重要内容,到了党的十九大、党的二十大以后已经变成全党工作的重中之重。

表 1-1　城乡发展战略指导思想演进

时间	核心指导思想
1949—1978 年	实施重化工业优先发展战略
党的十一届三中全会	经济上保障农民的物质利益,政治上尊重农民的民主权利
党的十六届三中全会	实施城乡统筹发展战略
党的十六届五中全会	建设社会主义新农村,统筹城乡经济社会发展一体化
党的十七大	解决好"三农"问题是全党工作重中之重,形成城乡经济社会发展一体化新格局
党的十八大	实施"四化"同步发展战略,城乡发展一体化是解决"三农"问题的根本途径

---

① 李川、漆雁斌、邓鑫:《从脱贫攻坚到乡村振兴:演变历程、衔接机制与振兴路径——以凉山彝族自治州为例》,《科技导报》2021 年第 23 期。

续表

时间	核心指导思想
党的十九大	实施乡村振兴战略,农业农村优先发展
党的二十大	全面推进乡村振兴。全面建设社会主义现代化国家,最艰巨最繁重的任务仍然在农村。坚持农业农村优先发展,坚持城乡融合发展,畅通城乡要素流动

资料来源:2003 年《中共中央关于完善社会主义市场经济体制若干问题的决定》

2005 年《中共中央关于制定国民经济和社会发展第十一个五年规划的建议》

2007 年《党的十七大报告》

2008 年《保护农民利益　尊重农民权利——30 年中央农村工作文件制定访谈录》

2012 年《党的十八大报告》

2018 年《中共中央　国务院关于实施乡村振兴战略的意见》

2022 年《党的二十大报告》

如表 1-2 所示,由 2004—2023 年中共中央、国务院连续二十年颁布的中央一号文件关键内容梳理可以看出,国家政策一直是以农业农村优先发展、推动城乡协调发展为主线。随着乡村振兴战略的提出,政策层面开始围绕农村改革和农业农村现代化这两个核心主线,逐渐聚焦解决脱贫攻坚与乡村振兴有机衔接、农村土地制度改革、农村产业结构调整、乡村治理方式改革、城乡融合发展路径以及涉及"三农"等突出问题,发展目标也从发展农业现代化转变为全面实现农业农村现代化。

表 1-2　2004—2023 年中央一号文件关键内容梳理

时间	中央一号文件关键内容
2004 年	促进农民增收,针对全国农民人均纯收入连续增长放缓的情况提出解决方案
2005 年	坚持"多予少取放活"的方针,稳定、完善和强化各项支农政策,加强农业基础设施建设,加快农业科技进步,提升农业综合生产能力
2006 年	提出重点建设社会主义新农村
2007 年	发展现代农业,培养新型农民,提高农业水利化、机械化和新型化水平
2008 年	抓好农业基础设施工作,提高农村公共服务水平,稳定农村基本经营制度,深化农村改革

时间	中央一号文件关键内容
2009 年	加大对农业的支持保护力度,稳定发展生产,稳定农村基本经营制度;推进城乡经济社会发展一体化
2010 年	"三农"投入总量持续增长、比例稳步提高,政策性资金使用更广,提高支农补助
2011 年	首次对水利工作进行全面部署
2012 年	突出强调农业科技创新作用
2013 年	建立重要农产品供给保障机制,健全农业支持保护制度,创新农业生产经营体制,提高农民组织化程度,改革农村集体产权制度,有效保障农民财产权利
2014 年	完善国家粮食安全保障体系,加快农村金融制度创新,健全城乡发展一体化体制机制
2015 年	加快转变农业发展方式,加大惠农政策力度,深入推进新农村建设,全面深化农村改革
2016 年	夯实现代农业基础,加强资源保护和生态修复,推动城乡协调发展,深入推进农村改革
2017 年	提出农业供给侧结构性改革,推进绿色生产方式,拓展农业产业链价值链,强化科技创新驱动,补齐农业农村短板
2018 年	实施乡村振兴战略,提升农业发展质量,打好脱贫攻坚战,坚持和完善党的领导
2019 年	保障重要农产品有效供给,扎实推进乡村建设全面深化农村改革,激发乡村发展活力,落实农业农村优先发展总方针
2020 年	加快补上农村基础设施和公共服务短板,保障重要农产品有效供给,加强农村基层治理,强化农村短板保障措施
2021 年	设立脱贫攻坚与乡村振兴衔接过渡期,持续巩固拓展脱贫攻坚成果,提升粮食和重要农产品供给保障能力
2022 年	保障国家粮食安全,保障不发生规模性返贫,聚焦产业促进乡村发展,扎实稳妥推进乡村建设,突出实效改进乡村治理
2023 年	坚决守牢确保粮食安全、防止规模性返贫等底线,扎实推进乡村发展、乡村建设、乡村治理等重点工作,强化政策保障和体制机制创新,加强党对"三农"工作的全面领导

资料来源:国务院、农业农村部官网

　　自 2018 年中央一号文件颁布以来,国家为落实该文件提出的"强化乡村振兴法治保障"的要求,出台了一系列有关乡村振兴的法律法规,如表 1-3 所示,保障乡村振兴战略的有效贯彻实施。

表 1-3　2018 年以来有关乡村振兴战略的法律法规

时间	乡村振兴战略的法律法规
2018 年 9 月 26 日	《乡村振兴战略规划(2018—2022 年)》
2019 年 6 月 17 日	《关于促进乡村产业振兴的指导意见》
2021 年 2 月 21 日	《中共中央　国务院关于全面推进乡村振兴加快农业农村现代化的意见》
2021 年 3 月 22 日	《中共中央　国务院关于实现巩固拓展脱贫攻坚成果同乡村振兴有效衔接的意见》
2021 年 4 月 29 日	《中华人民共和国乡村振兴促进法》
2021 年 5 月 18 日	《"乡村振兴　法治同行"活动方案》
2022 年 11 月 28 日	《乡村振兴责任制实施办法》

第二节　乡村振兴和脱贫攻坚的关系

一、脱贫攻坚战的全面胜利是乡村振兴的基础和前提

乡村振兴作为解决现阶段我国发展不平衡不充分的长久之策,[①]其关键和基本前提在于摆脱贫困。脱贫攻坚与乡村振兴是内容上重点突破与整体推进、时间上循序渐进与长期谋划、方式上对口帮扶与自力更生的有机统一。

从我国国情看,目前我国"三农"工作面临着严峻的问题,农村人口流失现象严重、经济滞后、基础设施落后等问题层出不穷,城乡发展的不平衡不充分已经成为现阶段我国社会主要矛盾中最大的不平衡,对乡村振兴工作提出了严峻的挑战。

脱贫攻坚的出现旨在根据乡村贫困人口的致贫原因采取针对性的帮扶措施,通过资源下乡的方式为贫困地区输入大量资源,投入大量资源奠定了产

---

① 杨勇、李士燃、杨春宇:《从精准扶贫到乡村振兴:逻辑与路径》,《蚌埠学院学报》2019 年第 6 期。

业、人才、文化、生态和组织等多方面基础,从根本上消除贫困发生的各种障碍性因素,建立起有内生动力、有活力的贫困人口长效发展机制。可见,农村减贫的过程也是逐步实现乡村振兴的过程,脱贫攻坚的实施为乡村振兴战略的实施提供了条件。①

二、乡村振兴就是脱贫攻坚的巩固和深化

脱贫攻坚与乡村振兴都是面对"三农"问题提出的对策和思考,二者相互联系,脱贫攻坚对乡村振兴的影响不言而喻,②乡村振兴战略又从"五位一体"、相互关联的角度,对乡村经济、政治、文化、社会、生态文明等五个方面的发展作出了全面部署,可以说是脱贫攻坚的继续和深入。乡村振兴是防止已经脱贫的农户返贫的重要方式和手段,在"十四五"时期,要把巩固拓展脱贫成果作为乡村振兴的首要任务,着力解决相对贫困问题,以产业兴旺、生态宜居、乡风文明、治理有效、生活富裕为要求。乡村振兴是我国社会主义新农村建设的重要抓手,也是社会主义现代化建设的重要组成部分。

第三节 乡村振兴战略的重要意义

一、乡村振兴战略是促进我国全面建成小康社会的有力支撑

乡村振兴战略旨在为全面建成小康社会做充分准备。长期以来,"三农"问题都是我国工作中聚焦的热点,是阻碍全面小康社会建设的主要问题之一,不从根本上彻底解决"三农"问题,建成社会主义现代化强国的目标就不可能实现。而在乡村振兴战略的背景下,国家加强了基础设施建设,提高了农村生

---

① 刘升:《精准扶贫对乡村振兴的促进机制研究》,《河北北方学院学报(社会科学版)》2019 年第 4 期。
② 冀潘渝、杨智:《精准扶贫与乡村振兴内在关系研究综述》,《甘肃农业》2020 年第 8 期。

产效率,多渠道发展了经济,且在政策上鼓励和支持农民创业就业,积极引进人才,培养造就"三农"队伍助力乡村脱贫,实现了农民增收。同时,把乡村扶贫与乡村振兴结合起来,实现了真脱贫、脱真贫,符合我国"三农"工作推进的发展规律,对于解决我国"三农"问题具有现实意义,为我国全面建设社会主义现代化国家提供了有力支撑,成为实现我国共同富裕的基础。

二、乡村振兴战略是弘扬中华优秀传统文化的重大举措

中国文化本质上是乡土文化,两千多年的农耕文化对中国影响巨大,中华文化的根脉在乡村,乡土、乡景、乡情、乡音、乡邻、乡德等共同构成中国乡土文化的主要内容,也使其成为中华优秀传统文化的基本内核。实施乡村振兴战略,发展新时代乡村文化,也是重构中国乡土文化的重大举措,也就是弘扬中华优秀传统文化的重大战略。

三、乡村振兴战略是解决我国社会主要矛盾的重要途径

随着改革开放的推进和经济社会的发展,人民的生活水平有了大幅度的提高,我国社会的主要矛盾已转变为人民日益增长的美好生活需要和不平衡不充分的发展之间的矛盾。党的二十大报告提出的中国式现代化五大特征之一为全体人民共同富裕的现代化,目前,我国最大的不平衡是城乡之间发展的不平衡和农村内部发展的不平衡,最大的不充分是"三农"发展的不充分。[①]而乡村振兴战略是根据中国特色社会主义新时代社会主要矛盾的转化作出的长远战略规划,[②]是全方位、多维度的有关农业、农村、农民"三位一体"的重大发展战略,是解决我国不平衡不充分问题的重要途径。

---

① 秦中春:《实施乡村振兴战略的意义与重点》,《新经济导刊》2017 年第 12 期。
② 盖志毅:《从扶贫攻坚到乡村振兴:超越与升华》,《内蒙古农业大学学报(社会科学版)》2022 年第 10 期。

四、乡村振兴战略是全面建成社会主义现代化强国的需要

改革开放后,我国经济快速发展,但城乡之间的差距也逐渐拉大。党的十九大报告中提出了到2050年把我国建成富强民主文明和谐美丽的社会主义现代化强国的目标。而实现这一目标的重要环节是农业农村现代化。党的二十大报告提出全面推进乡村振兴,全面建设社会主义现代化国家,最艰巨最繁重的任务仍然在农村。坚持农业农村优先发展,坚持城乡融合发展,畅通城乡要素流动。在乡村振兴战略的背景下,我国乡村得到全面发展,农业农村现代化进程得到了推进,农民生活环境得到了改善,农村建设和农民的收入也保持在相对稳定的状态。由此可见,实施乡村振兴战略为全面建成社会主义现代化强国提供了有力的战略支撑。

第二章　农村产业融合概述

第一节　产业融合的内涵

一、产业融合的概念

产业融合发展既是全球经济增长的重要趋势,也是现代化产业发展的一个主要方向,同时也是新兴技术行业的发展、产业转型变革以及消费结构的不断升级等因素对产业发展产生影响的综合体现。

从技术视角来看,产业融合这一概念最早源于技术融合,由美国学者罗森伯格于1963年提出,他在研究机器工具产业演化中发现了同一种技术逐步扩散到不同产业的现象,从而出现了一个新型的专业化机械工具生产行业,他将这种现象定义为"技术融合"。[①] 因此可以看出,不同产业在生产过程中通过技术融合的方式可以让原本独立的产业变得更加紧密。英国学者赛海尔和意大利学者多西也提出了相似的技术融合概念,他们注意到因为某些技术通过其他行业大规模地应用和传播,进而使得这些产业发生了技术创新。例如信息数字技术的不断进步提高了计算机、通信、电信、广播、传媒等行业的技术基

---

① Rosenberg N., "Technological Change in the Machine Tool Industry", 1840 - 1910, *The Journal of Economic History*, vol.23(1963), pp.414-416.

础,使得信息行业之间出现了相互渗透的现象,导致各行业之间固有的边界会发生模糊甚至消失,进而发生了产业融合现象。

从经济学视角来看,日本学者植草益基于产业边界化的视角提到,产业融合是一种因技术革新而形成,原本属于不同行业或市场的产品之间发生相互替代关系,使得两个企业在产业与市场之间产生竞争合作的关系的现象。①这种现象不仅发生在信息通信业、金融业等新型科技类行业,也开始从新兴技术产业向着农业、制造业、服务业在内的传统产业领域不断深化。岭言(2001)认为,新兴产业和传统产业的融合发展是指高新技术及其产业作用于传统产业,使得二者融为一体,逐步发育成为新的产业,产业融合不是几个产业的简单相加,而是通过相互作用,融为一体,显示出新的生机和活力。②

从产业发展视角来看,产业不单指一个产业,而是多个产业之间的共同作用。融合的概念也是基于分工理论进行优化组合。整体含义就是随着产业不停地分工优化,产业结构逐渐由单一转向多元,产业数量逐步增加,专业进一步分化,最后使得原本的产业边界模糊甚至消失,最终完成新的融合。周振华(2003)认为产业融合并不是在原有框架下对原本各自分离部门的简单整合,而是在相互渗透中形成一个可将不同部门容纳其中的新的框架。③ 在整个产业融合的进程中,不同的行业相互交织、相互融合、共同作用,逐渐形成了一个新兴的产业。

综上所述,本章将产业融合的概念总结为不同产业或同一产业不同行业之间相互作用、相互渗透、相互包含,使得产业边界逐渐模糊,最终融为一体,进而形成新的产业的发展过程,是产业动态发展的重要路径。

---

① [日]植草益:《信息通讯业的产业融合》,《中国工业经济》2001 年第 2 期。
② 岭言:《"产业融合发展"——美国新经济的活力之源》,《工厂管理》2001 年第 3 期。
③ 周振华:《新产业分类:内容产业、位置产业与物质产业——兼论上海新型产业体系的构建》,《上海经济研究》2003 年第 4 期。

二、产业融合的意义

在经济全球化和高新技术迅猛发展的背景下,面对全球产业、科技、规则、供应链方面的激烈竞争,随着市场需求的持续增加和国际经济形势日趋复杂,产业融合已经成为提高产业生产率、提升市场竞争力的一种主流的发展模式和产业结构优化的形式。产业融合的发展有助于产业创新,推动产业演化发展。[1] Han 等以韩国 IT 产业与传统产业为研究对象,发现通过产业融合的方式有助于韩国传统产业在全球市场上竞争力的提升。[2] 韩民春等学者也通过2005—2014 年世界投入产出数据库分析出产业融合对制造业产业结构的升级发挥着积极的影响,并通过研究发现生产性服务业与制造业融合可以明显推进制造业升级。[3] Sandra 等研究发现产业融合可以通过融入服务,增加价值,实现产业转型升级,进而提升区域经济发展水平。[4] 产业融合对产业竞争优势加快重塑、产业结构升级、提升区域经济效益起到至关重要的作用,因此基于以上专家学者的观点,总结出产业融合具有以下意义。

(一)产业融合有利于加强产业的创新能力以及竞争优势

由于产业融合的特性,使得它更易于在高新技术产业和其他传统产业之间进行。产业不断涌现出新产品、新技术、新服务,从而提升市场消费者的需求水平,并不断取代或淘汰相对落后的产品或技术,进而降低这些产业的市场

---

[1] Stieglitz N., "Digital Dynamics and Types of Industry Convergence: The Evolution of the Handheld Computers Market", *The Industrial Dynamics of the New Digital Economy*, vol.2(2003), pp. 179-208.

[2] Han S.C., Han Y., "IT Convergence with Traditional Industries and Short-Term Research and Development Strategy in Korea", *Intelligent Automation & Soft Computing*, vol.20, no.1(2014).

[3] 韩民春、袁瀚坤:《生产性服务业与制造业融合对制造业升级的影响研究——基于跨国面板的分析》,《经济问题探索》2020 年第 12 期。

[4] Sandra V., Juan R., "Servitization of Business: Adding Value by Adding Services", *European Management Journal*, vol.6, no.4(1988), pp.314-324.

份额和地位。同时引导传统产业实现生产和服务的进一步升级,促使企业在市场结构中的竞争合作关系的合理化发展,进而使得产业整体发展焕发新的活力。

(二)产业融合是产业转型结构升级的重要手段

在产业融合的过程中,市场结构会发生更加错综复杂的变化,原本的产业壁垒会随着产业间的相互渗透交叉变得模糊,从而使得其他产业的新参与者加入市场中来,并与原产业形成新的联系,企业之间不断发生合并、并购等活动,进而开辟新的市场,使得市场竞争程度进一步加剧。在激烈的竞争环境中,就有无法适应发展的企业被市场所淘汰,从而使市场从垄断竞争向完全竞争方向转变,逐步增强新市场结构塑造,更有利于资源配置的优化整合。

(三)产业融合有利于提升区域经济效益

产业融合的发展打破了不同产业之间原有的固化壁垒,同时也能够打破区域边界,使得区域之间的经济联系更加紧密,有效提升区域之间的贸易效益和竞争效益,加速区域之间的资源、信息、技术流通与整合,从而促进区域经济一体化发展。并且产业融合能够显著提升产业结构多样性,进而有效分散区域经济风险,提升区域经济韧性水平。

第二节 农村产业融合的内涵

一、农村产业融合的概念

农村产业融合,是以农业为基本依托,通过产业链条延伸、产业融合、技术渗透、体制创新等方式,将资本、技术以及资源要素进行跨界集约化配置,拓宽农民增收渠道、构建现代农业产业体系,加快转变农业发展方式,达到一产、二产和三产的全面融合发展。其中第一产业指的是以农业为主,包含林业、牧业、渔业在内的生产初级产品和加工原材料等不需要经过深度加工就可消费的农产品的一类行业;第二产业在农村产业融合的概念中主要指的是对第一产业所生产的初级农产品通过工业技术等方式进一步加工,制造工业化产品的行业,主要包括:农副食品加工业、食品制造业、酒、饮料和精制茶制造业、烟草制品业等在内的十余项行业;第三产业即为相关的服务行业,其中包括批发零售业、餐饮业、物流运输业等行业。

农村产业融合的研究最早是由日本学者今村奈良臣所提出"六次产业化"概念并将农业正式纳入产业融合的研究领域当中。其核心内容就是指以农业生产为基础,基于产业链延伸和产业范围扩展,推进农村一二三产业之间的整合和链接,充分发挥农业的多种功能和多重价值,不断内生出立足于农业资源利用的第二、第三产业,使得农村经济发展效益逐步提升。[①] 农村产业融合的核心就是"融合"二字,随着我国经济建设的不断加快,城乡一体化过程持续推进,工业、制造业综合实力、创新力和竞争的不断提升,高新技术产业高速发展,基础设施建设不断完善,越来越多的现代化要素融入农村产业融合的内涵中来。国家发展改革委宏观院和农经司课题组提出,农村产业融合是以农业为基本依托,以新型经营主体为引领,以利益联结为纽带,通过产业链延伸、产业功能拓展和要素集聚、技术渗透及组织制度创新,跨界集约配置资本、技术和资源要素,促进农业生产、农产品加工流通、农资生产销售和休闲旅游等服务业有机整合、紧密相连的过程。[②] 随着农村产业融合理论在国内通过不断实践,加之学者们围绕发展模式、融合主体、利益联结、政策指引等方面研究的不断深入,农村产业融合的内涵也在不断延伸、逐渐丰富且明朗。

---

① 科技智囊研究小组:《日本"六次产业"对我国农业融合发展的启示》,《科技智囊》2016年第7期。

② 国家发展改革委宏观院和农经司课题组:《推进我国农村一二三产业融合发展问题研究》,《经济研究参考》2016年第4期。

本书将农村产业融合的概念界定为：以第一产业为基础，通过产业链条延长、借助高新科技不断渗透、生产经营组织制度持续创新、有限资源配置优化整合、农村文化和自然环境合理开发，从而改变农村传统生产、加工、销售的单一模式现状，打破农业和其他产业之间固有壁垒，使其紧密结合，达到实现产业升级、重组、功能拓展、创造农村产业良好的发展环境的目的，提升农民收入，强化农村经济建设，最终真正实现乡村振兴。简单讲就是将农村一二三产业交叉结合起来共同发展，使其互相影响、互相促进，不断促进农村经济发展。

二、农村产业融合模式

（一）内部整合型融合

农业产业内部整合型融合主要通过建立各个细分农业行业之间的联系，扩大农业开发与农产品增值的空间，基于各地区农业的优势资源，以种植业与牧业相结合、种植业与林业相结合的发展模式为主。对农业种植、养殖的结构布局进行优化和调整，进而实现可持续发展，形成规模效益，或者是通过改良生产方式，减少对环境造成的负担，实现绿色高效生产，从而达到提升农业生产效率和提高农民收入的目的。农业产业内部整合型融合模式是农村产业发展最早发生的一种融合方式，虽然它涉及的范围只限于农业内部，但是仍然是农村产业融合重要的发展模式。通过对农业生产的内部整合，可实现"稳粮、优经、扩饲"的农村供给侧结构调整与农业的综合经营管理，从而使得增值所得收益更大程度地留在农业内部。

（二）产业链延伸型融合

农业产业链是由一系列农业初级产品生产密切相关的行业所构成的一种产业网络，包括为农业生产做准备的前期产业、中期产业以及后期对农产品进行加工的产业。农业产业链延伸型融合，是以农业为中心，依靠农产品的生产和加工,使得整个产业链条向上下游发展。农业产业链向上游发展主要是提供农业种植种子、农业机械等,例如种子、化肥、农药、生产机械等。农业产业链向下游发展主要指农业初级产品加工,例如精炼、半成品、成品生产以及保鲜、包装、物流等,继续向后延伸还将涉及销售环节、餐饮服务、休闲旅游等。因此农业产业链延伸既包含了第一产业与第二产业融合,也包含了第一产业与第三产业融合,能够实现农业产业链的"接二连三",从而赋予农业新的生命力和新的价值。

(三)多功能拓展型融合

农村多功能拓展型融合主要是以农业生产为基础,进一步挖掘其旅游、生态、文化、教育、社会等多方面的功能和价值,推动多种因素的相互渗透和组合,使其发挥出最大的效益并形成新的产业模式。其功能主要包括:生态保护、民族文化传承、休闲娱乐、康养、社会保障等。这种融合模式主要体现在通过农村第三产业的发展进而带动第一产业的发展,并推动第二产业同步发展,消除了区域内的产业局限,还能够根据地区环境、民族、风俗、文化等元素发展出独一无二的特色产业,充分发挥农村地区经济的软实力,实现农村多样化发展。所以对农业的多功能属性合理地开发利用,可以对农村产业融合带来突破性发展,拓展产业融合领域,促使乡村产业发展更具活力。

(四)科技渗透型融合

科技渗透型融合是指其他产业的先进技术,包括大数据技术、云计算技术、互联网技术、生物技术、新能源技术,通过跨界的形式将其功能作用到传统农业的生产、加工、经营、管理、运输、服务的过程中来,使其形成信息农业、智慧农业、生物农业的现代化新业态。利用先进的科技要素提升种植、养殖的生产效率,保障产品质量,提升产品品质,降低农业生产所需的经营成本。同时将各种工程技术应用于农业生产中,使其在机械化种植、规模化生产上不断改进,进一步提升了农业生产的标准性。随着互联网技术的不断进步,电子商务和网店的兴起也为区域内的农产品、土特产带来了新的销售渠道,更好地实现了消费需求与生产供给的有效对接,推动农村地区产业向精准化、集约化、智能化和数据化迈进,实现了农业生产力的提升,加速了农村产业的融合发展。

第三节　农村产业融合发展的重要作用

一、优化产业结构

产业结构的优化就是指产业结构向高效、高质量、高收益的方向进行调整,也是使第二产业、第三产业的增加值占 GDP 比重提高的过程。农村产业融合发展能够促进产业结构优化。随着产业链不断延伸,产业链上下游之间的关系更加紧密。第一产业生产的初级产品经过工业加工不断提升其经济价值,从而使农产品加工业在整个农村经济中的占比得到提高,也有助于实现农业产业的集群化发展,在一定的地域空间内形成大量各类规模企业和大量关联企业,通过规模化生产能够大大降低因规模经济生产而带来的研发成本、营销成本、管理成本和人才成本,从而提升区域农村经济整体的竞争能力。

二、提升农户收入

农村产业融合发展的总体要求是"基在农业、利在农民、惠在农村",因此保证农民能够在农村产业融合发展过程中实现收入提升、生活质量提高,这也是农村产业融合发展的核心任务之一。所以根据农村产业融合发展的特性,促进农村产业的细致化分工,丰富农村产业业态,创造更多的就业和创业的机会,能够为农村提供大量的就业岗位,解决农村就业难、收入低的问题,使得农民收入渠道多元化,实现增加农民收入。同时农村产业融合发展也能够为农民的增收方式提供有效的保障,降低了因传统农业"看天收"或因市场经济的不确定性而带来的风险,为农民收入的提升提供了有效的保障。

三、提高土地资源配置效率

随着农村产业融合发展的不断深入,农村各行各业都会或多或少地受到市场上各类信息所带来的影响,这种影响不再局限于农业自身的资源配置,而是会随着融合效应的发挥逐步传递给其他相关产业,从而使得农村的资源配置进一步市场化。虽然我国农业土地经营早已面向市场,但农民对于土地资源的配置往往存在很大差异,其中有相当一部分农民是依赖于已有的经验和生产来配置土地资源,有的农民则更多的是依赖于国家对于农产品特别是粮食价格政策来配置土地资源,有的还是服从于从众法则即"别人种啥我种啥"来配置土地资源。[①] 因此在农村产业融合发展作用下,能够使得农业与其他产业之间更加紧密地联系在一起。使得农民、农村、农业能够更容易接收到来自市场的信号,适应市场的变化,从而调整土地资源配置的方向,实现效率收益最大化。

四、推进城乡融合发展

农村产业融合发展,不仅仅局限于农村地区的融合,它与城市之间的发展也存在相辅相成的关联作用,是区域经济社会发展的重要成分之一。随着农村产业融合发展的不断深化,在扩展城市市场空间的同时也离不开城乡之间产业关联、技术支持、要素融合、基础设施建设等多个方面的促进。因此要想解决农村现代化发展的难题就不能完全依靠农村内部的力量,必须要打破城乡之间的固有边界。因此农村产业融合发展,不但能够提升农村发展的整体效果,还能够促进城乡一体化融合发展的区域效应。

---

① 姜峥:《农村一二三产业融合发展水平评价、经济效应与对策研究》,博士学位论文,东北农业大学,2018 年。

第三章 东北地区产业发展基本情况

第一节 黑龙江省产业发展现状

一、整体发展概况

自 2012 年以来,黑龙江省地区生产总值、人均地区生产总值平稳上升,黑龙江省总体经济发展状况也得到了良好的提升。如图 3-1、图 3-2 及表 3-1 所示,2012 年至 2021 年,黑龙江省地区生产总值从 11015.8 亿万元增加到 14879.2 亿万元,全国排位第 25 名,增长 35.07%;人均 GDP 由最初的 29352 元增加至 47266 元,增长 1.61 倍;2021 年黑龙江省居民消费价格比 2020 年下降 1.7%。居民人均可支配收入 27159 元,同比增长 9.06%,其中农村人均可支配收入 17889 元,同比增长 10.64%;城镇人均可支配收入 33646 元,同比增长 8.13%;城镇失业率对比上一年度下降 0.1%。[①]

---

① 2022 年数据由于疫情原因有异常趋势,故只分析到 2021 年。

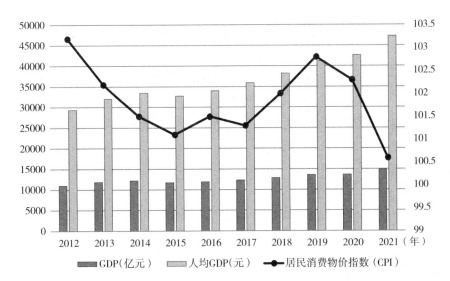

图 3-1 2012—2021 年黑龙江省 GDP、人均 GDP 以及 CPI 指标

数据来源:黑龙江省统计局

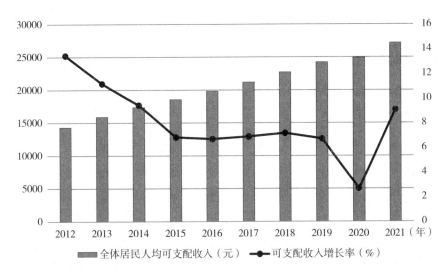

图 3-2 2012—2021 年黑龙江省全体居民人均可支配收入及增长率

数据来源:黑龙江省统计局

表 3-1 2012—2020 年黑龙江省人口及失业率情况

年份	总人口（万人）	城镇人口（万人）	乡村人口（万人）	城镇登记失业人口（万人）	城镇登记失业率（%）
2012	3724.0	2118.0	1606.0	41.3	4.2
2013	3666.0	2128.0	1538.0	41.4	4.4
2014	3608.0	2137.0	1471.0	39.9	4.5
2015	3529.0	2134.0	1395.0	41.0	4.5
2016	3463.0	2116.0	1347.0	39.6	4.2
2017	3399.0	2104.0	1295.0	39.7	4.2
2018	3327.0	2111.0	1216.0	39.4	4.0
2019	3255.0	2103.0	1152.0	34.7	3.5
2020	3171.0	2080.0	1091.0	31.0	3.4

数据来源:黑龙江省统计局

在经济发展水平不断提升的同时,黑龙江省的产业结构也得到了优化,在经历了以第一产业为主导到第二产业成为推动经济增长的主要动力后,第三产业已经成为该省经济发展支柱产业。如表 3-2 所示,2021 年,黑龙江省第一产业增加值3463.0 亿元,增长 0.52%;第二产业增加值 3975.3 亿元,增长15.23%;第三产业增加值7440.9 亿元,增长 10.42%。如图 3-3 所示,产业结构比例由 2010 年的 15.50:49.90:34.60 转变为 23.30:26.70:50.00,可见黑龙江省第二产业的比重在不断下降,第三产业的比重已远超第一、第二产业的增长速度在逐年升高,为发展黑龙江省农村产业融合带来了契机。

表 3-2 2012—2021 年黑龙江省第一、二、三产业增加值及增速

年份	第一产业增加值(亿元)	第一产业增速(%)	第二产业增加值(亿元)	第二产业增速(%)	第三产业增加值(亿元)	第三产业增速(%)
2012	2119.6	25.01	5099.8	3.73	3796.5	14.24
2013	2539.6	19.82	5202.7	2.02	4106.9	8.18
2014	2691.0	5.96	4872.4	-6.35	4607.4	12.19
2015	2712.2	0.79	3926.9	-19.41	5050.9	9.63

续表

年份	第一产业增加值（亿元）	第一产业增速（%）	第二产业增加值（亿元）	第二产业增速（%）	第三产业增加值（亿元）	第三产业增速（%）
2016	2751.2	1.44	3689.7	-6.04	5454.0	7.98
2017	2965.3	7.78	3519.5	-4.61	5828.2	6.86
2018	3001.2	1.21	3536.0	0.47	6309.3	8.25
2019	3183.2	6.06	3640.1	2.94	6721.1	6.53
2020	3445.1	8.23	3449.9	-5.23	6738.5	0.26
2021	3463.0	0.52	3975.3	15.23	7440.9	10.42

数据来源：黑龙江省统计局

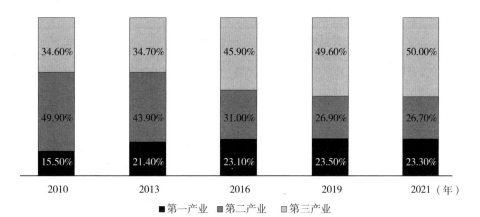

图 3-3　2010—2021 年黑龙江省地区生产总值构成

数据来源：黑龙江省统计局

二、第一产业发展概况

黑龙江省作为农业大省,是我国最重要的商品粮基地和粮食战略后备基地,获得了习近平总书记给予的维护国家粮食安全"压舱石"的高度评价。黑龙江省农业资源丰富,占据耕地面积70%以上的黑土、黑钙土、草甸土等肥沃土地给黑龙江省的农业生产带来了有利的自然条件,使该省在农产品生产方面获得了较强的竞争优势,为黑龙江省农村产业融合发展提供了重要依托。

截至 2020 年,黑龙江省农作物总播种面积达到了 14910.13 千公顷,其中以粮食作物为主,占播种总面积的 96.84%,约为 14438.38 千公顷。如表 3-3 所示,2012 年以来,黑龙江省粮食总产量连续九年达到 7000 万吨以上,到 2021 年,粮食总产量高达 7867.72 万吨,占全国粮食总产量的 11.52%,产量居全国首位。2012 年至 2021 年十年间,中国粮食总产量提高 11.5%,黑龙江粮食产量提高 19.2%。黑龙江省粮食产量稳定占据全国粮食总产量的 10% 以上,连续 10 年居全国粮食产量第一位。

表 3-3 2012—2021 年黑龙江省和全国粮食产量

年份	黑龙江省粮食产量 （万吨）	全国粮食总产量 （万吨）	占全国比例 （%）
2012	6598.60	61222.62	10.78
2013	7055.11	63048.20	11.19
2014	7403.80	63964.83	11.57
2015	7615.78	66060.27	11.53
2016	7416.13	66043.51	11.23
2017	7410.34	66160.73	11.20
2018	7506.80	65789.22	11.41
2019	7503.01	66384.34	11.30
2020	7540.78	66949.15	11.26
2021	7867.72	68284.75	11.52

数据来源:黑龙江省统计局

黑龙江省畜牧业发展也具有相当的优势。如表 3-4 所示,2020 年,黑龙江省肉类产量达到 253.2 万吨,居全国第 16 位,约占全国总产量的 3.27%;禽蛋产量 117.4 万吨,居全国第 11 位,约占全国总产量的 3.39%;牛奶产量约 500.2 万吨,居全国第 2 位,约占全国总产量的 14.54%,且黑龙江省生产的生鲜乳质量指标可以达到欧美等发达国家的水平,黑龙江省第一产业的稳定发展为开展农村产业融合提供了重要基础及依托。

表 3-4 2012—2020 年黑龙江省畜牧产品产量与全国产量对比

(单位:万吨)

年份	黑龙江省			全国		
	肉类产量	牛奶产量	禽蛋产量	肉类产量	牛奶产量	禽蛋产量
2012	225.2	482.8	114.7	8471.1	3174.9	2885.4
2013	232.4	446.8	110.0	8632.8	3000.8	2905.5
2014	243.7	479.9	106.2	8817.9	3159.9	2930.3
2015	243.6	491.9	109.1	8749.5	3179.8	3046.1
2016	248.1	470.7	117.2	8628.3	3064.0	3160.5
2017	260.3	465.2	113.8	8654.4	3038.6	3096.3
2018	246.9	455.9	109.0	8624.6	3074.6	3128.3
2019	237.1	465.2	114.0	7758.8	3201.2	3309.0
2020	253.2	500.2	117.4	7748.4	3440.1	3467.8

数据来源:黑龙江省统计局

三、第二产业发展概况

黑龙江省粮食产量连续多年位居全国第一,以粮食、畜禽、果蔬、林木、绿色产品等为重点的食品加工业也一直持续稳步发展,是黑龙江省四大工业产业之一。在 2020 年,黑龙江省第二产业增加值为 3975.3 亿元,占地区生产总值的比重为 36.0%。黑龙江省农副产品加工业也在不断发展,如表 3-5 所示,2020 年黑龙江省绿色食品加工企业达到 1103 个,绿色食品加工企业产品产量 1699 万吨,增长 1.7%;实现产值 1598 亿元,增长 0.8%;实现利税 90.2亿元,增长 0.4%。绿色食品产业牵动农户 92.3 万户。

表 3-5 2016—2020 年黑龙江省绿色食品加工企业情况

年份	企业数量(个)	产品产量(万吨)	产值(亿元)
2016	890	1510	1480
2017	970	1740	1615
2018	1005	1790	1650
2019	1040	1670	1585
2020	1103	1699	1598

数据来源:黑龙江省统计局

虽然黑龙江省农村第二产业得到了发展,但与全国其他省份相比,黑龙江省农副食品加工业竞争力并没有得到显著提高,仅处于全国中游水平。

四、第三产业发展概况

2012年以来,黑龙江省经济有了很大的发展,随着东北地区的深化改革,黑龙江省的产业结构得到了优化升级,第三产业增加值呈现出逐年递增的趋势。如表3-6所示,虽然黑龙江省2012—2021年10年来的第三产业增加值逐年提升,但却与经济发达省份仍然存在较大的差距,发展情况不容乐观,缺乏内生动力和活力,排名在全国的第25位,在全国范围内居于末端水平。

表3-6 2021年我国各省份第三产业增加值及排名

(单位:亿元)

省份	第三产业增加值	排名	省份	第三产业增加值	排名
广东	69146.80	1	云南	13687.20	17
江苏	59866.40	2	陕西	13589.10	18
山东	43879.70	3	广西	12537.50	19
浙江	40118.10	4	山西	10090.20	20
北京	32889.61	5	贵州	9870.80	21
上海	31665.56	6	天津	9615.37	22
河南	28934.90	7	内蒙古	8914.80	23
四川	28287.60	8	新疆	7660.20	24
湖北	26398.40	9	黑龙江	7440.90	25
湖南	23614.10	10	吉林	6913.40	26
福建	23046.30	11	甘肃	5412.00	27
安徽	21985.40	12	海南	3982.00	28
河北	19996.70	13	宁夏	2136.30	29
重庆	14787.05	14	青海	1661.40	30
辽宁	14247.10	15	西藏	1158.80	31
江西	14102.20	16	—	—	—

数据来源:国家统计局

发展乡村旅游,休闲农业是农业多功能性拓展的直接体现,同时也是产业融合的典型体现。[1]"十三五"期间,黑龙江省逐步通过农旅融合形式促进农村产业发展、提高农民收入。黑龙江省休闲农业和乡村旅游总体呈现稳定发展的良好态势,正在向着有质量、有品位、有规模的朝阳产业迈进,逐步成为黑龙江省乡村产业振兴的重要支撑。2020 年,黑龙江省休闲农业和乡村旅游经营主体发展到 4309 个,接待人数 2082.23 万人次,营业收入 41.7 亿元。累计发展全国休闲农业和乡村旅游示范点 18 个、中国美丽休闲乡村 33 个、全国休闲农业和乡村旅游示范县 12 个。虽然黑龙江省休闲农业和乡村旅游产业在快速地发展,但目前仍处于起步阶段,面临着经营项目重复较多、文化挖掘深度不够、基础设施相对落后、质量效益不够理想等诸多挑战,对产业发展存在一定制约。

从以上数据和黑龙江省总体情况来看,随着 2010—2021 年黑龙江省产业结构不断地进行调整,农村地区的产业融合呈现出逐渐发展的态势,但产业融合的发展进程相对缓慢。目前黑龙江省农村地区第一、第二、第三产业的发展情况主要表现为:第一产业发展态势良好,产出的农副产品量多质优,处于全国领先水平,可为黑龙江省农村产业融合提供丰富的物质基础和资源保障;第二、第三产业对比往年虽然有所发展,但从全国范围来看仍处于中下游水平,有较大发展潜力及发展空间。

第二节　吉林省产业发展现状

一、整体发展概况

2012 年以来,吉林省经济稳定增长,经济增速逐渐放缓。如图 3-4、图

---

[1]　彭小宇:《产业融合背景下我国休闲农业发展模式及策略研究》,硕士学位论文,长沙理工大学,2018 年。

3-5 及表 3-7 所示,2012 年至 2021 年,十年间吉林省各地区生产总值从 8678.08 亿元增长到 13235.52 亿元,增长超 1.5 倍,年均增速 5.79%,GDP 增速由 8.9%下降至 6.6%。人均生产总值从 32005 元增长到 55450 元,增长

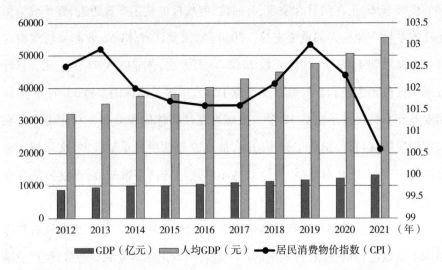

图 3-4 2012—2021 年吉林省 GDP、人均 GDP 以及 CPI 指标

数据来源:吉林省统计局

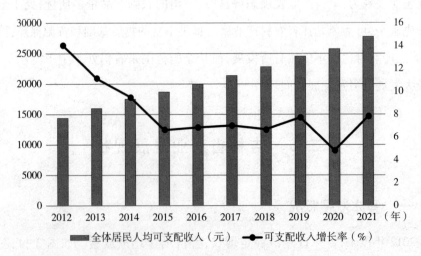

图 3-5 2012—2021 年吉林省全体居民人均可支配收入及增长率

数据来源:吉林省统计局

1.73 倍,年均增长率为 7.01%。全体居民人均可支配收入从 14395 元增长到 27770 元,为 2012 年全体居民可支配收入近 2 倍,年均增长 8.23%,其中农村人均可支配收入 17642 元,同比增长 9.8%。城镇登记失业率整体呈下降趋势,由 3.7% 下降到 3.1%(2020 年由于疫情原因略有上升)。2021 年,吉林省 GDP 总量全国排位第 28 名,GDP 增速全国排位 24 名,居民消费价格比 2020 年上涨 0.6%。

表 3-7 2012—2020 年吉林省人口及失业率情况

年份	总人口（万人）	城镇人口（万人）	乡村人口（万人）	城镇登记失业人口（万人）	城镇登记失业率（%）
2012	2698.0	1471.0	1227.0	22.3	3.7
2013	2668.0	1487.0	1181.0	22.6	3.7
2014	2642.0	1501.0	1141.0	23.2	3.4
2015	2613.0	1506.0	1107.0	23.9	3.5
2016	2567.0	1508.0	1059.0	25.7	3.5
2017	2526.0	1508.0	1018.0	26.3	3.5
2018	2484.0	1512.0	972.0	26.8	3.5
2019	2448.0	1509.0	939.0	23.9	3.1
2020	2399.0	1503.0	896.0	20.6	3.4

数据来源:国家统计局

吉林省三次产业结构也在不断地进行调整,如表 3-8 所示,2021 年,吉林省第一产业增加值 1553.8 亿元,增长 0.05%;第二产业增加值 4768.3 亿元,增长 10.38%;第三产业增加值 6913.4 亿元,增长 8.31%。从图 3-6 可以看出,吉林省第三产业增加值占吉林省生产总值的比重逐年提升,从 2010 年 46.74% 提升至 2021 年的 52.23%,而第一、二产业的比重逐渐下降,从 2010 年的 14.48%、38.78% 调整为 2021 年的 11.74%、36.02%。产业结构的积极调整,也标志着近些年吉林省资源配置在不断优化,由最初的发展第一产业创造基础条件,到第二产业拉动经济增长,最后转变成推动第三产业成为经济发展主要支柱的总体规律,为推动农村一二三产业融合发展奠定基础,注入活力。

表 3-8　2012—2021 年吉林省第一、二、三产业增加值及增速

年份	第一产业增加值(亿元)	第一产业增速(%)	第二产业增加值(亿元)	第二产业增速(%)	第三产业增加值(亿元)	第三产业增速(%)
2012	1195.6	8.11	3315.2	13.09	4167.2	12.71
2013	1250.2	4.57	3572.1	7.75	4605.5	10.52
2014	1270.2	1.60	3804.9	6.52	4891.5	6.21
2015	1270.6	0.03	3837.8	0.86	4909.6	0.37
2016	1130.1	−11.06	3901.4	1.66	5395.5	9.90
2017	1095.4	−3.07	3995.5	2.41	5831.2	8.08
2018	1160.7	5.96	4051.5	1.40	6041.6	3.61
2019	1287.3	10.91	4134.8	2.06	6304.7	4.35
2020	1553.0	20.64	4319.9	4.48	6383.1	1.24
2021	1553.8	0.05	4768.3	10.38	6913.4	8.31

数据来源:吉林省统计年鉴

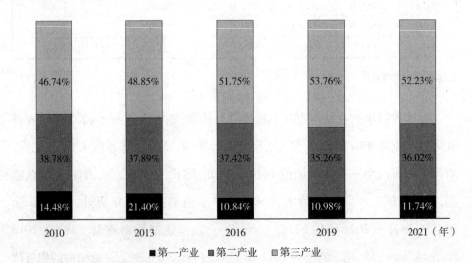

图 3-6　2010—2021 年吉林省地区生产总值构成

数据来源:吉林省统计年鉴

二、第一产业发展概况

吉林省是我国重要的商品粮生产基地,地处享誉世界的"黄金玉米带"和"黄金水稻带",人均粮食占有量、粮食商品率、粮食调出量及玉米出口量常年居全国首位。吉林省森林资源和林下资源丰富,森林覆盖率43.4%,东部长白山地区素有"长白林海"之称,是松花江、图们江、鸭绿江"三江之源",蕴含丰富的绿色产品、矿产、水利水电和生态旅游资源。西部松嫩平原、湿地生态地区是牧业、杂粮杂豆、糖料、油料生产基地。

2012 年以来,吉林省农业实现高质量发展,吉林省粮食总产量连续 8 年保持在 700 亿斤以上,实现持续丰收。农业现代化建设持续推进,在"十三五"时期,建成高标准农田 3530 万亩,良种普及率达到 100%,农业生产机械化率达 91%。家庭农场数量增加到 14.6 万户,农民合作社发展到 8.4 万个。2021 年吉林省农林牧渔业生产产值增加 1604.18 亿元,2021 年省内主要粮食播种面积为 8581.95 万亩,创历史新高,同比 2020 年增长 59.28 万亩。如表3-9 所示,吉林省粮食总产量为 4039.24 万吨,全国排位保持第五,同比 2020年增长 236.07 亿吨。净增量居全国第 2 位。粮食单产量 941.3 斤/亩,同比上一年度增加 48.7 斤/亩。吉林省农业的蓬勃发展也为乡村振兴战略背景下的农村产业融合提供了有力的支撑。

表 3-9 2012—2021 年吉林省和全国粮食产量

年份	吉林省粮食产量 (万吨)	全国粮食总产量 (万吨)	占全国比例 (%)
2012	3450.21	61222.62	5.64
2013	3763.30	63048.20	5.97
2014	3800.06	63964.83	5.94
2015	3974.10	66060.27	6.02
2016	4150.70	66043.51	6.28

续表

年份	吉林省粮食产量 （万吨）	全国粮食总产量 （万吨）	占全国比例 （%）
2017	4154.00	66160.73	6.28
2018	3632.74	65789.22	5.52
2019	3877.93	66384.34	5.84
2020	3803.17	66949.15	5.68
2021	4039.24	68284.75	5.92

数据来源:国家统计局

如表 3-10 所示,2020 年,吉林省肉类产量达到 237.55 万吨,居全国第 17 位,约占全国总产量的 3.07%;禽蛋产量 121.95 万吨,居全国第 9 位,约占全国总产量的 3.52%;牛奶产量约 39.26 万吨,居全国第 17 位,约占全国总产量的 1.14%。

表 3-10　2012—2020 年吉林省畜牧产品产量与全国产量对比

（单位:万吨）

年份	吉林省			全国		
	肉类产量	牛奶产量	禽蛋产量	肉类产量	牛奶产量	禽蛋产量
2012	255.60	49.10	100.20	8471.10	3174.90	2885.40
2013	258.51	47.58	97.70	8632.80	3000.80	2905.50
2014	256.06	33.62	110.71	8817.90	3159.90	2930.30
2015	255.07	35.68	122.38	8749.50	3179.80	3046.10
2016	255.47	36.04	132.46	8628.30	3064.00	3160.50
2017	256.13	33.98	120.98	8654.40	3038.60	3096.30
2018	253.60	38.83	117.11	8624.60	3074.60	3128.30
2019	243.22	39.90	121.53	7758.80	3201.20	3309.00
2020	237.55	39.26	121.95	7748.40	3440.10	3467.80

数据来源:吉林省统计局

三、第二产业发展概况

吉林省工业技术产业基础实力雄厚,工业门类齐全,作为国家老工业基地拥有较强的振兴优势,其中汽车产业、石油化工产业、农产品加工业、医药健康工业是吉林省四大工业支柱产业,第二产业的发展重点也主要放在加工制造行业上。2021年,吉林省围绕农产品加工业食品产业着力打造十大产业集群,即玉米水稻产业集群、杂粮杂豆产业集群、生猪产业集群、肉牛肉羊产业集群、禽蛋产业集群、乳品产业集群、人参产业集群、梅花鹿产业集群、果蔬产业集群和林特(食用菌、林蛙、矿泉水等)产业集群,指导推行"龙头企业+基地+合作社+农户"等产业化经营模式,通过农业产业化集群型方式对资本、要素进行全方位的整合集中,进一步创造农业产业区位优势,为产业融合的发展提供了强有力的支撑。2021年,吉林省第二产业增加值4768.28亿元,相比2020年增长5.0%。第二产业增加值占地区生产总值的比重为36.0%,同比增长1%。在吉林省的工业整体发展中,农产品加工以农业产业链纵向延伸的方式发挥着农村产业融合的重要作用,对工业产值的提升有着至关重要的影响。

"十三五"期间,吉林省农业产业化组织总数达到5252个,超亿元企业达到290家,农产品加工销售收入突破5000亿元。2020年吉林省规模以上农产品加工企业859家,占吉林省工业企业数量的28%。相关企业全部从业人员平均人数11.7万人,占吉林省工业从业人员平均人数的15%。主营业务收入达1525.4亿元,人均主营业务收入130.2万元。利润总额56.1亿元,同比上一年度增长4倍以上。

四、第三产业发展概况

吉林省作为农业大省和老牌工业基地,凭借自身资源优势大力发展第一、二产业,成为吉林省经济的主要支撑,但是也造成了经济结构单一、对资源过度依赖、不利于经济可持续发展等问题。因此,吉林省积极开展产业结构调整,大力发展第三产业,以第三产业拉动第一、二产业,从而进一步带动经济增长。

2012—2021 年,吉林省第三产业增加值始终呈现平稳上升发展趋势,2021 年吉林省第三产业增加值 6913.40 亿元,同比增长 7.8%,增加值占吉林省生产总值比重为 52.3%。现在第三产业已经成为吉林省国民经济发展的重要力量,发展第三产业也逐渐成为吉林省产业结构高级化的必然选择。

在金融服务方面,吉林省作为全国唯一省级农村金融综合改革试点省份,在吉林省范围内已经建设村级金融服务站 2000 多家,吉林省农业保险保费收入呈现快速上升趋势,其中 2020 年吉林省农业保险保费收入 171849 万元,同比上一年度增长 27.7%,大大提升了农村经济抗击风险能力以及自然灾害应对能力。

吉林省作为国家重点建设的生态示范省,通过政策扶持和带动示范,大力推动休闲农业和乡村旅游发展。利用地区特有的自然条件、民俗风情打造特色旅游线路和游玩模式,代表性较高的有延边朝鲜族民俗村、松原查干湖冬捕文化节、蛟河市"关东第一漂"漂流,以及长春市农业博览会等众多知名品牌。吉林省休闲农业经营充分发挥农业多样性和整体性的特点,进一步推进农业产业多功能拓展型融合。

2020 年吉林省农业农村厅发布了 2020 年美丽休闲乡村名单以及休闲农业和乡村旅游示范县(市、区)名单,涵盖省内 20 个乡村、4 个县(市、区)。充分发挥培育品牌、树立典范的带动作用。2019 年吉林省休闲农业经营主体发展至近 4000 家(含农家乐 3000 户、休闲农业观光园/休闲农庄 900 家、休闲农业融合体近 100 家),吉林省乡村旅游和休闲农业接待游客达到 4500 万人次。营业收入为 90 亿元,同比增长 10%。安置以农民为主的相关从业人员 17 万人次。从全国数据来看,吉林省休闲农业目前正处在快速发展阶段,截至 2021 年吉林省共有全国乡村旅游重点村 33 个,在国内排名第 26 名,相较于经济发达和旅游产业旺盛的地区仍有较大差距。由此看出吉林省休闲农业和乡村旅游产业虽然在不断快速地发展,同样也暴露出了旅游资源开发程度低、优势转化不足、产品特色不显著、缺少文化内涵、基础设施薄弱、公共服务体系不完善、农旅融合程度不高、产业链缺失、管理经营者技能水平偏低、缺乏专业人才队伍等多种问题。

吉林省农业农村现代化和产业融合发展更离不开互联网技术的蓬勃发展。在"十三五"期间,吉林省已经实现农业卫星大数据云平台县域全覆盖,益农信息社覆盖率达 84.8%,农村电商、手机信息化服务基本实现全覆盖。通过技术渗透的方式进一步促进农业、工业、服务业的融合。互联网技术的应用和普及为吉林省农业发展注入了科技创新活力,吉林省已经建成"吉林省电子商务云平台""长白山国际参茸网""吉林大米网"等多家网络电商平台。除此之外,截至 2021 年吉林省已有 8 个镇、4 个村入选淘宝镇、淘宝村。同时吉林省还累计建设成县、乡电子商务公共服务中心 168 个,农村电子商务服务站 6087 个,县域物流集配仓储中心或物流产业园 22 个、乡镇物流分拨中心38 个、农村物流网点 2300 个。基本构建了农村电商发展的相关配套服务体系。使得万昌大米、长白山人参、蜂蜜、通化葡萄酒等特色优质的农产品、土特产走进更多人的视线,拓宽了销售市场,提升了知名度,也为省内各大企业打造出了一流的绿色食品品牌形象。

从以上数据和总体情况来看,吉林省农村地区第一、二、三产业发展主体表现为:第一产业发展情况较好,农产品产量连续多年实现持续丰收,整体情况处于全国领先水平;第二产业与第三产业对比往年虽然发展情况相对显著,但在全国范围内仍然处在末端水平。

第三节 辽宁省产业发展现状

一、整体发展概况

2012 年以来,辽宁省地区生产总值、人均地区生产总值平稳上升,总体经济发展状况也有所提升。如图 3-7、图 3-8 及表 3-11 所示,2021 年,辽宁省

地区生产总值 27584.1 亿元,比上年增长 5.8%;人均 GDP 由 2012 年的 40778
元增加至 2021 年的 65026 元,增长 59.5%;全年辽宁省居民消费价格比上年
下降 1%。2021 年居民人均可支配收入 35112 元,同比增长 7.25%,其中农村
人均可支配收入 19217 元,同比增长 10.13%;城镇人均可支配收入 43051 元,
同比增长 6.63%;城镇失业率对比上一年度下降 0.3%。

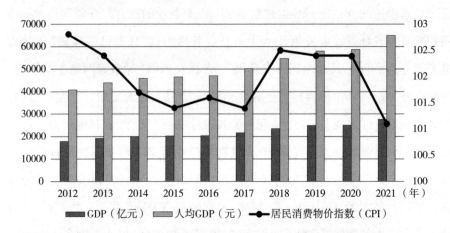

图 3-7　2012—2021 年辽宁省 GDP、人均 GDP 以及 CPI 指标

数据来源:辽宁省统计局

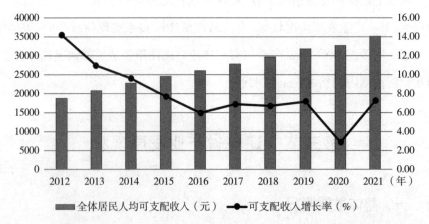

图 3-8　2012—2021 年辽宁省全体居民人均可支配收入及增长率

数据来源:辽宁省统计局

表 3-11 2012—2021 年辽宁省人口及失业率情况

年份	总人口（万人）	城镇人口（万人）	乡村人口（万人）	城镇登记失业人口（万人）	城镇登记失业率（％）
2012	4375.0	2872.0	1503.0	38.1	3.6
2013	4365.0	2901.0	1464.0	39.6	3.4
2014	4358.0	2922.0	1436.0	41.0	3.4
2015	4338.0	2952.0	1386.0	46.2	3.4
2016	4327.0	2980.0	1347.0	47.3	3.8
2017	4312.0	2996.0	1316.0	42.7	3.8
2018	4291.0	3015.0	1276.0	44.4	3.9
2019	4277.0	3046.0	1231.0	45.6	4.2
2020	4255.0	3070.0	1185.0	50.7	4.6
2021	4229.0	3079.0	1150.0	47.7	4.3

数据来源：国家统计局、辽宁省统计局

在经济发展水平不断提升的同时，辽宁省的产业结构也得到了优化，在不断进行产业调整后，第三产业已经成为辽宁省经济发展支柱产业，如表 3-12 和图 3-9 所示，2021 年，辽宁省第一产业增加值 2461.8 亿元，增长 7.75%；第二产业增加值 10875.2 亿元，增长 16.22%；第三产业增加值 14247.1 亿元，增长 6.57%。三次产业结构由 2010 年的 10.57%、51.68%、37.75%转变为 9.10%、37.43%、53.47%，可见辽宁省第一、二产业的比重在不断下降，第三产业的比重以远超第一、二产业的增长速度在逐年升高，为发展辽宁省农村产业融合带来了契机。

表 3-12 2012—2021 年辽宁省第一、二、三产业增加值及增速

年份	第一产业增加值（亿元）	第一产业增速（％）	第二产业增加值（亿元）	第二产业增速（％）	第三产业增加值（亿元）	第三产业增速（％）
2012	1869.3	10.39	8886.9	4.81	7092.4	14.71
2013	1973.4	5.57	9204.2	3.57	8031.2	13.24
2014	2002.0	1.45	9038.8	-1.80	8984.9	11.87

续表

年份	第一产业增加值(亿元)	第一产业增速(%)	第二产业增加值(亿元)	第二产业增速(%)	第三产业增加值(亿元)	第三产业增速(%)
2015	2053.7	2.58	8344.6	−7.68	9811.9	9.20
2016	1841.2	−10.35	7865.7	−5.74	10685.6	8.90
2017	1902.3	3.32	8328.9	5.89	11461.8	7.26
2018	2020.6	6.22	9049.0	8.65	12441.0	8.54
2019	2178.0	7.79	9475.9	4.72	13201.4	6.11
2020	2284.8	4.90	9357.5	−1.25	13369.1	1.27
2021	2461.8	7.75	10875.2	16.22	14247.1	6.57

数据来源:辽宁省统计局

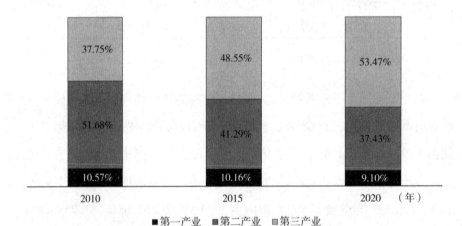

图 3-9　2010—2020 年辽宁省地区生产总值构成

数据来源:辽宁省统计局

二、第一产业发展概况

辽宁省位于我国东北地区南部,地势由北向南,自东、西向中部倾斜,东西两侧山地丘陵起伏,中部平原坦荡。平原占总面积的 33.4%、山地占 59.8%、水面占 6.8%,故有"六山一水三分田"之说。辽宁省总面积为 14.8 万平方公里,其中耕地面积 409.29 万公顷,占辽宁省土地总面积的 27.65%,人均占有耕地约 0.096 公顷,其他农用地面积 49.96 万公顷,占土地面积的 3.38%。由于耕地面积广阔,农业从业人口基数大,自新中国成立以来在人均农业粮食产量方面位居全国前列。而且辽宁省特殊的地理位置为发展种植业和畜牧业提供了良好的地理条件,因此,辽宁省畜牧业和种植业的发展速度尤其快。

截至 2021 年,辽宁省农作物总播种面积达到了 4328.94 千公顷,其中以粮食作物为主,占播种总面积的 86.26%,约为 3527.2 千公顷。如表 3-13 所示,2021 年,辽宁省粮食总产量为 2538.74 万吨,占全国粮食总产量的 3.72%。2012 年至 2021 年十年间,全国粮食总产量增加了 11.54%,辽宁省粮食产量增加了 16.72%,粮食增长率是全国的 1.45 倍。

表 3-13　2012—2021 年辽宁省和全国粮食产量

年份	辽宁省粮食产量 （万吨）	全国粮食总产量 （万吨）	占全国比例 （%）
2012	2175.04	61222.62	3.55
2013	2353.31	63048.20	3.73
2014	1873.17	63964.83	2.93
2015	2186.61	66060.27	3.31
2016	2315.60	66043.51	3.51
2017	2330.74	66160.73	3.52
2018	2192.45	65789.22	3.33
2019	2429.95	66384.34	3.66
2020	2338.83	66949.15	3.49
2021	2538.74	68284.75	3.72

数据来源:国家统计局、辽宁省统计局

辽宁省的畜牧业也在不断发展。如表 3-14 所示,2020 年肉类产量达 378.3 万吨,比上年增长 2.85%,占全国总产量的比例为 4.88%。猪牛羊禽肉产量 376.0 万吨,其中,猪肉产量 183.5 万吨,比上年下降 3.1%;牛肉产量 31.0 万吨,增长 4.7%;羊肉产量 6.9 万吨,增长 1.3%;禽肉产量 154.6 万吨,增长 10.6%。全年禽蛋产量 331.9 万吨,比上年上升 7.8%,占全国总产量的比例为 9.57%。全年生牛奶产量 136.7 万吨,比上年增长 2.1%,居全国第 8位,占全国总产量的比例为 3.97%,且在国家连续四年对辽宁省开展的共 357批次生鲜乳质量安全监测中,结果全部合格。量多质优的畜牧产品为辽宁省农村产业融合提供了物质保障。

表 3-14　2012—2020 年辽宁省畜牧产品产量与全国产量对比

(单位:万吨)

年份	辽宁省			全国		
	肉类产量	牛奶产量	禽蛋产量	肉类产量	牛奶产量	禽蛋产量
2012	369.7	106.6	257.9	8471.1	3174.9	2885.4
2013	363.4	103.3	251.6	8632.8	3000.8	2905.5
2014	364.1	112.1	250.5	8817.9	3159.9	2930.3
2015	358.3	119.8	244.6	8749.5	3179.8	3046.1
2016	352.4	122.2	251.0	8628.3	3064.0	3160.5
2017	385.4	119.7	270.4	8654.4	3038.6	3096.3
2018	377.1	131.8	297.2	8624.6	3074.6	3128.3
2019	367.8	133.9	307.9	7758.8	3201.2	3309.0
2020	378.3	136.7	331.9	7748.4	3440.1	3467.8

数据来源:国家统计局、辽宁省统计局

三、第二产业发展概况

辽宁省作为我国工业的重要摇篮和工业化的重要发源地,工业实力强劲,是我国重要的老工业基地之一,装备制造业和原材料工业优势明显,冶金矿山、输变电、石化通用、金属机床等重大装备类产品和钢铁、石油化学工业在全国占有重要位置。截至 2021 年,辽宁省第二产业增加值 10875.2 亿元,相比2020 年增长 16.22%,第二产业增加值占地区生产总值的比重为 37.43%,农产品加工业也正在成为支撑辽宁省经济社会发展的四大支柱产业之一。

据辽宁省统计局数据,2020 年辽宁省规模以上农产品加工企业为 712

家,相关企业全部从业人员平均人数 4.3 万人,主营业务收入达到 2010.3 亿元,利润总额 56.9 亿元,同比上一年度增长 23.16%,占全国农副食品加工业利润总额的 2.53%。

四、第三产业发展概况

农村第三产业是农村经济发展的重要组成部分,是实现农村产业融合的重要一环。随着东北地区的深化改革,辽宁省的产业结构得到了优化升级,第三产业增加值呈现出逐年递增的趋势。另外,根据 2021 年全国各省、自治区、直辖市第三产业增加值列表显示(见表 3-6),辽宁省第三产业增加值列全国第 15 位。可见,辽宁省农村第三产业发展情况在全国范围内处于中等水平。

休闲农业作为快速崛起的新产业新业态,在实现产业兴旺中扮演着重要角色。休闲农业在发展过程中可以帮助农村一二三产业打破壁垒,实现农业与工业以及服务业的良好融合,[1]是实施乡村振兴战略的一项重要举措。辽宁省既是工业大省也是农业大省,地域辽阔,资源丰富,四季分明,自然景观优美,乡村民俗风情浓厚多彩,发展休闲农业有着得天独厚的条件。

2012 年以来,辽宁省出现了大量的以农业为根基、实施"农业+"的功能拓展发展模式,特别是以休闲观光农业或创意农业为代表,赋予农业以科普、文化和生态价值,拓展农业的生活、生态、人文等功能,将农业经营与生产体验、乡村旅游、生态养生、农家餐饮等结合起来,建立农业采摘园、生态园、创意园、农家乐、渔家乐等新型农村经济体,拓宽了农民增收的空间。据辽宁省文化和旅游厅统计,"十三五"期间,辽宁省乡村旅游产业获得迅猛发展,取得喜人成果。乡村旅游接待总人数 22510.8 万人次,乡村旅游总收入 1650 亿元,年均增幅为 14.5%以上。2019 年以来,辽宁省乡村旅游吸纳农民就业人数近 30万人,带动农民间接就业超过 100 万人,接待乡村旅游游客近 2 亿人次。截至

---

[1]　徐璨、李繁:《休闲农业助力农村一二三产业融合的路径研究》,《农村经济与科技》2021年第 9 期。

2020 年底,辽宁省 1169 个乡镇中,涉旅乡镇 280 个,具备发展乡村旅游基础且已形成一定规模的行政村共计 1311 个,辽宁省乡村旅游经营单位(业户)近 1 万家(户),其中,农(渔)家乐 7481 家,农业观光、农事体验区点共计 300 余处,休闲农庄、乡村综合体 200 余处。乡村旅游已成为调整农业产业结构、转变农村经济发展方式,实施乡村振兴的重要载体。

2012—2021 年,辽宁省的休闲农业和乡村旅游产业取得了较大的成绩,为增加农民收入、提升城乡居民的生活品质作出了很大的贡献,但是辽宁省休闲农业在发展的过程中还是存在着文化内涵挖掘不深、基础设施建设滞后、缺乏整体规划、定位不清等问题,对产业发展存在一定制约影响。

从以上数据和辽宁省总体情况来看,随着辽宁省产业结构的不断调整,农村地区的产业融合呈现出逐渐发展的态势,但产业融合的发展进程相对缓慢。目前辽宁省农村地区第一、第二、第三产业的发展情况主要表现为:第一产业发展态势良好,农产品产量不断增加,整体处于全国领先水平;第二、第三产业对比往年虽然有所发展,但从全国范围来看仍处于中游水平,有较大发展潜力及发展空间。

第四节　内蒙古自治区产业发展现状

一、整体发展概况

2012—2021 年十年间,内蒙古自治区经济发展水平稳步提高,地区生产总值、人均地区生产总值等经济指标呈现出平稳上升的态势。如图 3-10、图 3-11 及表 3-15 所示,2012 年至 2021 年,内蒙古自治区的地区生产总值由 10470.1 亿元增加到 20514.2 亿元,增长近两倍;人均地区生产总值由 42441 元增长到 85422 元,增长 1.01 倍;全年内蒙古自治区居民消费价格比上年下降 1%。居民人均可支配收入由 16800 元增长到 34108 元,增长 1.03 倍,其中农村人均可支配收入 18337 元,同比增长 10.68%;城镇人均可支配收入 44377 元,同比增长 7.31%。城镇失业率对比上一年度下降 0.8%。

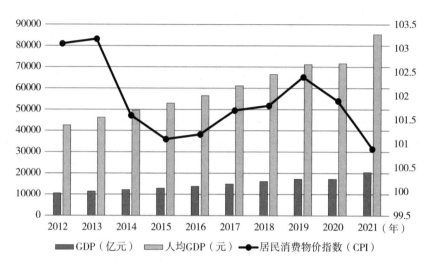

图 3-10　2012—2021 年内蒙古自治区 GDP、人均 GDP 及 CPI 指标

数据来源:内蒙古自治区统计局

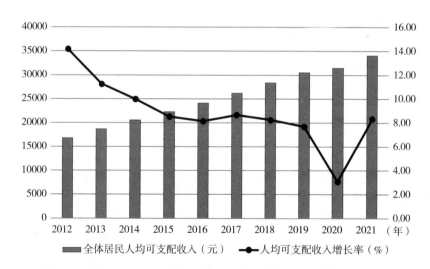

图 3-11　2012—2021 年内蒙古自治区全体居民人均可支配收入及增长率

数据来源:内蒙古自治区统计局

表 3-15　2012—2021 年内蒙古自治区人口及失业率情况

年份	总人口（万人）	城镇人口（万人）	乡村人口（万人）	城镇登记失业人口（万人）	城镇登记失业率（%）
2012	2464.0	1439.0	1025.0	38.1	3.6
2013	2455.0	1469.0	986.0	39.6	3.4
2014	2449.0	1493.0	956.0	41.0	3.4
2015	2440.0	1515.0	925.0	46.2	3.4
2016	2436.0	1544.0	892.0	47.3	3.8
2017	2433.0	1572.0	861.0	42.7	3.8
2018	2422.0	1587.0	835.0	44.4	3.9
2019	2415.0	1605.0	810.0	45.6	4.2
2020	2403.0	1622.0	781.0	50.7	4.6
2021	2400.0	1637.0	763.0	30.5	3.8

数据来源:内蒙古自治区统计局

内蒙古自治区产业规模不断扩大,产业结构也逐步优化升级。如表 3-16 和图 3-12 所示,三次产业结构高质量发展不断推进。

表 3-16　2012—2021 年内蒙古自治区第一、二、三产业增加值及增速

年份	第一产业增加值（亿元）	第一产业增速（%）	第二产业增加值（亿元）	第二产业增速（%）	第三产业增加值（亿元）	第三产业增速（%）
2012	1453.2	10.96	4553.6	12.60	4463.3	8.74
2013	1582.9	8.93	4870.1	6.95	4939.4	10.67
2014	1638.0	3.48	5114.4	5.02	5405.8	9.44
2015	1630.2	-0.48	5269.5	3.03	6049.2	11.90
2016	1650.6	1.25	5579.8	5.89	6558.9	8.43
2017	1649.8	-0.05	5874.3	5.28	7374.0	12.43
2018	1750.7	6.12	6335.4	7.85	8054.7	9.23
2019	1863.3	6.43	6763.1	6.75	8586.1	6.60
2020	2028.8	8.88	6908.2	2.15	8321.1	-3.09
2021	2225.2	9.68	9374.2	35.70	8914.8	7.13

数据来源:内蒙古自治区统计局

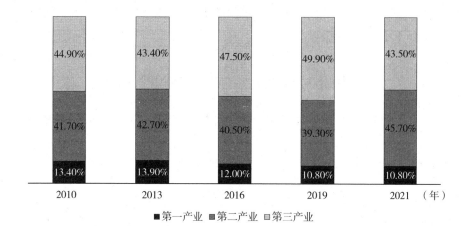

图 3-12　2010—2021 年内蒙古自治区地区生产总值构成

数据来源：内蒙古自治区统计局

二、第一产业发展概况

内蒙古自治区人均草场和耕地面积都远高于全国平均水平,是我国重要的农牧业产品生产基地,并且随着现代农牧业的发展,内蒙古自治区充分发挥具有发展草原畜牧业和农畜牧业的双重优势,不断优化农牧业结构,使农畜产品区域布局日渐合理,畜牧业快速增长,成为第一产业的主要增长点,使本地区第一产业有很好的发展势头和前景。

2012 年至 2021 年十年间,内蒙古自治区第一产业发展稳中有增。农业产值由 1080.9 亿元提升到 1880 亿元,年均增长 5.63%;林业产值由 97.76 亿元下降到 94.06 亿元,下降幅度较小;畜牧业产值由 1088.97 亿元提升到 1755.27 亿元,年均增长 6.12%;渔业产值由 26.08 亿元提升到 29.82 亿元,增长幅度较小。

截至 2021 年,内蒙古自治区作物总播种面积达到了 874.3 千公顷,其中以粮食作物为主,占播种总面积的 78.74%,约为 688.4 千公顷。如表 3-17 所示,2021 年,内蒙古自治区粮食总产量为 3840.3 万吨,占全国粮食总产量的 5.62%,粮食产量年均增长率约为 4.02%,而全国粮食产量年均增长率约为

1.15%,内蒙古自治区粮食产量年均增长率是全国的 3.5 倍,且内蒙古自治区粮食产量在全国所占的比重逐年增长。

表 3-17　2012—2021 年内蒙古自治区和全国粮食产量

年份	内蒙古自治区粮食产量 (万吨)	全国粮食总产量 (万吨)	占全国比例 (%)
2012	2739.83	61222.62	4.48
2013	3070.48	63048.20	4.87
2014	3112.36	63964.83	4.87
2015	3292.58	66060.27	4.98
2016	3263.28	66043.51	4.94
2017	3254.54	66160.73	4.92
2018	3553.28	65789.22	5.40
2019	3652.54	66384.34	5.50
2020	3664.10	66949.15	5.47
2021	3840.30	68284.75	5.62

数据来源:国家统计局、内蒙古自治区统计局

　　如表 3-18 所示,2012 年至 2020 年内蒙古自治区肉类总产量缓慢增长,由 245.83 万吨增长到 267.95 万吨,年均增长率约为 0.92%,在全国所占比重持续增加,占全国肉类总量的 3.5%。2020 年,猪肉产量 61.35 万吨,比上年下降 1.95%;牛肉产量 66.25 万吨,增长 3.87%;羊肉产量 112.97 万吨,增长 2.9%;禽肉产量 20.09 万吨,下降 3.04%。全年禽蛋产量 60.44 万吨,比上年上升 4.03%。全年生牛奶产量 611.48 万吨,比上年增长 5.94%,居全国第一位,占全国总产量的比例为 17.78%。高产、优质的畜牧产品为内蒙古自治区农村产业融合提供了物质资料保障。

表 3-18　2012—2020 年内蒙古自治区畜牧产品产量与全国产量对比

(单位:万吨)

年份	内蒙古自治区			全国		
	肉类产量	牛奶产量	禽蛋产量	肉类产量	牛奶产量	禽蛋产量
2012	245.83	910.18	54.48	8471.10	3174.90	2885.40
2013	244.90	767.30	55.16	8632.80	3000.80	2905.50
2014	252.33	788.02	53.54	8817.90	3159.90	2930.30
2015	245.71	803.20	56.40	8749.50	3179.80	3046.10
2016	236.30	586.65	53.82	8628.30	3064.00	3160.50
2017	265.16	552.86	53.21	8654.40	3038.60	3096.30
2018	267.24	565.60	55.20	8624.60	3074.60	3128.30
2019	264.56	577.20	58.10	7758.80	3201.20	3309.00
2020	267.95	611.48	60.44	7748.40	3440.10	3467.80

数据来源:国家统计局、内蒙古自治区统计局

三、第二产业发展概况

农林机械化程度在一定程度上能反映出内蒙古自治区农村农产品加工程度。① 根据内蒙古自治区农林机械总动力与全国对比,如表 3-19 所示,2012 年至 2020 年,内蒙古自治区农村农林机械总动力由 3281 万千瓦增至 4057.14 万千瓦,年均增长率约为 2.8%,其中全国农林机械总动力年均增长率约为 0.8%,内蒙古自治区农林机械总动力年均增长率是全国的 3 倍,在全国所占比重逐年增加。但内蒙古自治区作为中国人均耕地面积第一的省份,农林机械化水平与我国其他农业大省相比,内蒙古自治区的机械化水平较低,阻碍了农牧业现代化程度,会对农村产业融合的实现产生影响。

---

① 闫田:《内蒙古农村一二三产业融合发展综合评价及影响因素研究》,硕士学位论文,吉林大学,2022 年。

表 3-19　2012—2020 年内蒙古自治区农林机械总动力与全国对比

年份	农林机械总动力（万千瓦）		占比（%）
	内蒙古自治区	全国	
2012	3281.00	102558.96	3.20
2013	3431.00	103906.75	3.30
2014	3633.00	108056.58	3.40
2015	3805.00	111728.07	3.40
2016	3331.00	97245.59	3.40
2017	3484.00	98783.35	3.50
2018	3663.66	100371.74	3.70
2019	3866.42	102758.26	3.80
2020	4057.14	105622.15	3.80

数据来源：国家统计局、内蒙古自治区统计局

内蒙古自治区农产品加工业也在不断发展,据内蒙古自治区统计局数据,2021 年内蒙古自治区规模以上农产品加工企业为 294 家,相关企业全部用工平均人数 3.31 万人,主营业务收入达到 617.9 亿元,利润总额 11.24 亿元,同比上一年度增长 36.57%。

四、第三产业发展概况

内蒙古自治区作为民族地区,第三产业自改革开放以来取得了较快发展,其经济总量逐年增加,2012 年至 2021 年内蒙古自治区第三产业增加值年均增速达到 9.97%,2017 年增速达到 12.43% 的峰值,随后内蒙古自治区第三产业发展速度明显放缓,甚至在 2020 年增速呈现出负值,对比全国其他省份,内蒙古自治区第三产业增加值在全国 31 个省区中排名第 23 位,在全国范围内居于末端水平。

另外,农林牧渔服务业增加值也是衡量内蒙古自治区农村第三产业发展的核心指标。如表 3-20 所示,2012 年至 2020 年,内蒙古自治区农林牧渔服

务业增加值由 22.6 亿元增至 31.12 亿元,年均增长率约为 3.77%,其中全国
农林牧渔服务业增加值的年均增长率约为 12.49%,内蒙古自治区农林牧渔
服务业增加值在全国所占比重逐年下降。

表 3-20　2012—2020 年内蒙古自治区农林牧渔服务业增加值与全国对比

年份	农林牧渔服务业增加值(亿元)		占比(%)
	内蒙古自治区	全国	
2012	22.60	1496.60	1.50
2013	23.20	1664.30	1.40
2014	23.89	1845.90	1.30
2015	25.08	2078.00	1.20
2016	26.48	2311.80	1.10
2017	27.54	2560.50	1.10
2018	29.09	2813.50	1.00
2019	30.19	3103.30	1.00
2020	31.12	3365.60	0.90

数据来源:国家统计局、内蒙古自治区统计局

从以上数据和内蒙古自治区总体情况来看,随着内蒙古自治区产业结构
的不断调整,目前内蒙古自治区农村地区第一、第二、第三产业的发展情况主
要表现为:第一产业中较为突出的是农业、畜牧业和乳业产业,内蒙古自治区
畜牧业和乳业全产业链的发展已经初见规模;第二、第三产业对比往年虽然有
所发展,但从全国范围来看仍处于下游水平。

第五节　东北地区整体情况与全国对比

一、城镇化率指标对比

城镇化率作为衡量一个国家或地区发展程度的重要指标,其提升不仅是

实现乡村振兴的重要路径,同时也是推进新型城镇化的关键,对实现城乡经济社会一体化发展具有重要的战略意义。2000年至2020年,我国城镇化率从36.22%上升至63.89%,以每年约1.38%的速度提高。

根据人口数据统计显示,三省一区的城镇化率如图3-13所示:

2020年黑龙江省常住人口中,城镇常住人口2080万人,占总人口比重(常住人口城镇化率)也已经有了明显的提高,由2000年的51.9%增加至62.64%,以年均1.07个百分点的速度增长,高于全国平均水平。但由于受到地区经济政策、人口流动等因素的影响,黑龙江省城镇人口的总量虽然在上升,但城镇人口的增长速度却每年放缓甚至在下降,人才流失成为严重影响城镇化发展的重要因素。①

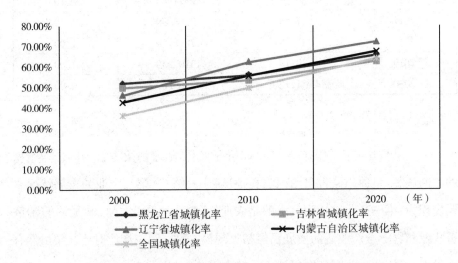

图3-13 2000—2020年三省一区城镇化率与全国对比

数据来源:国家统计局、黑龙江省统计局、吉林省统计局、辽宁省统计局、内蒙古自治区统计局

2020年吉林省常住人口中,城镇常住人口1503.01万人,占总人口比重(常住人口城镇化率)为62.64%,比2000年末提高12.98个百分点。虽然吉

---

① 卜令蛟、李琳:《黑龙江省城镇化与生态环境协调发展研究》,《合作经济与科技》2021年第9期。

林省的城镇化率十年来得到了显著提高,但依然略低于全国平均水平,省内各地区之间存在明显差异造成该省城镇化水平存在不均衡的情况。

辽宁省地处东北老工业基地,一直以来都是老工业基地中经济发展最快、最发达的省份,工业化的发展带动了辽宁省城镇化发展。截至 2020 年,辽宁省的城镇化率达到了 72.15%,高于全国平均水平 8.26 个百分点。虽然辽宁省整体城镇化发展水平较高,但是由于省内各地区城镇化发展速度和水平存在差异,辽宁省在发展城镇化方面表现出显著的分化态势,①导致辽宁省整体的城镇化发展在一定程度上受到了制约。

2020 年内蒙古自治区常住人口中,城镇人口为 1622.75 万人,占总人口比重(常住人口城镇化率)为 67.48%。虽然内蒙古自治区城镇化率达到 67.48%,高于全国平均水平 3.61 个百分点,居全国第 10 位,但由于内蒙古自治区县域范围内的县城和其他建制镇无论是经济发展水平、综合服务能力还是基础设施建设相对于城市差距都比较大,导致内蒙古自治区城镇化的质量并不高。

从城镇化指标的总体情况来看,虽然三省一区的城镇化指标都在逐年提高,但由于各省(区)内特有的因素,如人才流失、地区发展不平衡等,限制了三省一区的城镇化发展水平。

二、GDP 及人均 GDP 指标对比

GDP 作为国民经济核算的核心指标,是衡量一个国家或地区经济状况和发展水平的重要指标。根据国家统计局发布的数据,2021 年我国国内生产总值达到 1149237 亿元,比上年增长 8.4%。

根据国家统计局发布的数据,三省一区 GDP 占全国比重如表 3-21 所示:

2012 年至 2021 年,黑龙江省 GDP 呈平稳上升趋势,地区生产总值由 2012 年的 11015.8 亿元增长至 2021 年的 14858.2 亿元,增长约 34.88 个百分

---

① 杨晓彤:《辽宁省新型城镇化与产业结构升级的耦合互动关系研究》,硕士学位论文,沈阳工业大学,2021 年。

点。但是随着我国其他地区经济的快速发展,黑龙江省 GDP 占全国比重却在持续下降,从最早 2012 年黑龙江省 GDP 占全国 GDP 的 2.05%,到 2017 年只占全国 GDP 的 1.48% 再到 2021 年降至 1.30%,说明黑龙江省总体经济形势在逐步下降,处于我国的下游水平。

吉林省 GDP 自 2012 年以来不断增加,地区生产总值由 2012 年的 8678 亿元增长至 2021 年的 13163.8 亿元,增长约 51.69 个百分点。但吉林省 GDP 占全国比重却在持续下降,在 2021 年已经降至 1.16%,并且该省的 GDP 在东北地区位列倒数第一,说明吉林省经济发展相比国内其他地区仍然较为缓慢。

2012 年辽宁省 GDP 为 17848.6 亿元,到 2021 年 GDP 已达到 27559.5 亿元,历经十年,增长 54.4 个百分点。由此可见,辽宁省的经济发展不断加快,地区生产总值呈现出平稳上升的趋势,但是辽宁省 GDP 占全国比重却在持续下降,在 2021 年已经降至 2.41%,说明辽宁省经济发展相比国内其他地区较为缓慢。

2012 年内蒙古自治区 GDP 为 10470.1 亿元,到 2021 年 GDP 总量达到了 21166.0 亿元,增长 102.16 个百分点。虽然内蒙古自治区的经济一直在不断增长,但较其他省市区的地区生产总值水平来看,内蒙古自治区处于中等偏下的水平。

从各省(区)的 GDP 总体情况来看,三省一区的经济发展相比其他地区较为缓慢。

表 3-21　2012—2021 年三省一区 GDP 占全国 GDP 比重

（单位:%）

年份	黑龙江省	吉林省	辽宁省	内蒙古自治区
2012	2.05	1.61	3.31	1.94
2013	2.00	1.59	3.24	1.92
2014	1.89	1.55	3.11	1.89
2015	1.70	1.45	2.93	1.88
2016	1.59	1.40	2.73	1.85
2017	1.48	1.31	2.61	1.79

续表

年份	黑龙江省	吉林省	辽宁省	内蒙古自治区
2018	1.40	1.22	2.56	1.76
2019	1.37	1.19	2.52	1.74
2020	1.35	1.21	2.47	1.70
2021	1.30	1.16	2.41	1.79

数据来源:国家统计局、黑龙江省统计局、吉林省统计局、辽宁省统计局、内蒙古自治区统计局

　　人均 GDP 在分析经济的基础上加入了人口要素,能更加准确地衡量一个地区的经济水平发展状况,是最重要的宏观经济指标之一。2021 年,我国人均国内生产总值 80976 元,比上年增长 8.0%。

　　三省一区人均 GDP 指标与全国对比如表 3-22 所示:

　　黑龙江省人均 GDP 指标虽然十年来在稳步增长,由 2012 年的 29352 元增长到 2021 年的 47199 元,但 2021 年黑龙江省的人均 GDP 低于吉林省、辽宁省、内蒙古自治区以及全国人均 GDP,说明黑龙江省整体发展情况并不乐观。

　　吉林省 2012 年至 2021 年十年间人均 GDP 低于全国人均 GDP,说明在这十年的时间里吉林省经济发展水平低于全国平均水平。吉林省的人均 GDP 由 2012 年的 32005 元持续上升到 2021 年的 55148 元,而同期全国人均 GDP 由 39771 元持续上升到 81370 元,大约增长 1.05 倍,说明全国整体的经济发展幅度略大一些,而吉林省整体经济增长比较缓慢。

　　辽宁省的人均 GDP 得到了飞速增长,实现了跨越式发展。从 2012 年的 40778 元增加至 64992 元,平均每年增长 5.94 个百分点,呈现直线式增长的趋势。通过对该省人均 GDP 的分析可以看出,辽宁省人均 GDP 与辽宁省 GDP 发展态势基本一致,这说明辽宁省在经济发展的同时兼顾了人口因素,充分做到了人口和经济的协调发展。

　　内蒙古自治区作为人均 GDP 大省(区、市)成员之一,截至 2021 年,内蒙

古自治区人均 GDP 增长迅速,达到 88137 元,不仅高于全国平均水平,而且该指标在全国各个地区中位列前茅。从内蒙古自治区统计局公布的数据可以看出,2012 年以来内蒙古自治区经济发展势头良好。

从各地区的人均 GDP 总体情况来看,黑龙江省和吉林省整体的经济增长发展速度比较缓慢,辽宁省做到了人口和经济的协调发展,内蒙古自治区的经济得到了良好的发展。

表 3-22　2012—2021 年三省一区人均 GDP 与全国人均 GDP 对比

(单位:元)

年份	黑龙江省人均 GDP	吉林省人均 GDP	辽宁省人均 GDP	内蒙古自治区人均 GDP	全国人均 GDP
2012	29352	32005	40778	42441	39771
2013	32068	35139	43956	46320	43497
2014	33464	37539	45915	49585	46912
2015	32759	38128	46482	52972	49922
2016	34025	40259	47069	56560	53783
2017	35887	42890	50221	61196	59592
2018	38199	44925	54657	66491	65534
2019	41156	47554	58019	71170	70078
2020	42432	50561	58629	71640	71828
2021	47199	55148	64992	88137	81370

数据来源:国家统计局、黑龙江省统计局、吉林省统计局、辽宁省统计局、内蒙古自治区统计局

三、居民人均可支配收入对比

居民人均可支配收入是指居民在支付个人所得税、财产税等其他经常性转移支出后所余下的实际收入,常被用来衡量一个国家或地区生活水平的变化情况。随着国民经济快速发展,据国家统计局发布,2021 年我国居民人均可支配收入为 35128 元,比上年名义增长 9.1%,扣除价格因素影响,实际增长 8.1%。

三省一区居民人均可支配收入与全国对比如表 3-23 所示:

黑龙江省居民人均可支配收入提高,生活消费支出大幅增长。2021 年,

该省居民人均可支配收入 27159 元,比上年增长 9.1%,但仍然低于国内人均居民可支配收入水平,2021 年该省居民人均可支配收入在全国 31 个省区市中位列第 23 位。

吉林省居民人均可支配收入从 2012 年的 14395 元增长到 2021 年的27770 元,是 2012 年的 1.93 倍,年均增长 9.29%。虽然吉林省居民人均可支配收入呈现平稳增长趋势,但仍然低于国内人均居民可支配收入水平,2021年该省居民可支配收入在全国 31 个省区市中位列第 21 位。

辽宁省消费水平明显提高,居民生活质量显著改善,2021 年辽宁省居民人均可支配收入达到 35112 元,和全国居民人均可支配收入大概持平,2021年该省居民人均可支配收入在全国 31 个省区市中位列第 9 位。甚至在 2012年至 2020 年期间,辽宁省居民人均可支配收入高于全国平均水平,说明随着辽宁省经济发展水平的提高,居民可支配收入增加迅速。

内蒙古自治区居民人均可支配收入从 2012 年的 16800 元增长至 2021 年的 34108 元,是 2012 年的 2.03 倍,年均增长率达到 10.03%,略低于全国居民人均可支配收入,2021 年内蒙古自治区居民人均可支配收入在全国 31 个省区市中位列第 10 位。

从各省(区)的人均可支配收入总体情况来看,辽宁省和内蒙古自治区居民人均可支配收入位于全国前十名,居民生活水平较高;而吉林省和黑龙江省居民人均可支配收入处于全国中下游水平。

表 3-23　2012—2021 年三省一区居民人均可支配收入与全国对比

（单位:元）

年份	黑龙江省居民人均可支配收入	吉林省居民人均可支配收入	辽宁省居民人均可支配收入	内蒙古自治区居民人均可支配收入	全国居民人均可支配收入
2012	14302	14395	18761	16800	16510
2013	15903	15998	20818	18693	18311
2014	17404	17520	22820	20559	20167

续表

年份	黑龙江省居民人均可支配收入	吉林省居民人均可支配收入	辽宁省居民人均可支配收入	内蒙古自治区居民人均可支配收入	全国居民人均可支配收入
2015	18593	18684	24576	22310	21966
2016	19838	19967	26040	24127	23821
2017	21206	21368	27835	26212	25974
2018	22726	22798	29701	28376	28228
2019	24254	24563	31820	30555	30733
2020	24902	25751	32738	31497	32189
2021	27159	27770	35112	34108	35128

数据来源：国家统计局、黑龙江省统计局、吉林省统计局、辽宁省统计局、内蒙古自治区统计局

四、第一产业增加值比重对比

产业融合程度体现了区域内一、二、三产业的发展水平，第一产业增加值所占 GDP 比重既反映了农业在社会产业结构中的基础性地位，也从侧面反映出一个国家或地区的第二、第三产业发展水平以及产业融合的程度。第一产业增加值所占 GDP 比重数值越低则代表该地区产业融合发展程度越高。从国际经验来看，产业高度融合的特征是第一产业增加值比重小于 2%。[①]

我国各省（区、市）的第一产业增加值比重如表 3-24 所示：

我国产业融合发展总体上仍处于较低水平，从 2010 年至 2020 年，经过十年的发展，我国各省区的产业融合程度较高的地区只有北京、天津、上海，其他省市产业融合程度仍处于一般水平。

黑龙江省的产业融合发展进程一直较为滞后，落后于国内其他省份。黑龙江省第一产业增加值占地区总产值的比重由 2010 年的 12.57% 上升到 2020 年的 25.10%。可见，黑龙江省十年间的融合度不但没有提升反而在下

---

① 《从第三产业占比，看中国城市距离发达国家水平究竟还有多远》，山川网，https://mp.weixin.qq.com/s/HpsZ-kIxVAClhFEL8RCllA，2019 年 12 月 12 日。

降,在全国 31 个省区市的排名由 2010 年的第 18 位下降到 2020 年的最后一位。黑龙江全省范围内的产业融合发展进程缓慢,阻碍了黑龙江省农村地区产业融合的发展。

吉林省第一产业增加值占地区总产值的比重由 2010 年的 12.12%上升到 2020 年的 12.61%,涨幅并不明显,在全国 31 个省市的排名由 2010 年的第 16 位下降到 2020 年的第 24 位,说明吉林省产业融合进展与我国其他省市相比是比较缓慢的,产业融合程度并没有得到显著提升。

辽宁省第一产业增加值占地区总产值的比重由 2010 年的 8.84%上升到 2020 年的 9.10%,虽然该省的第一产业增加值比重变化并不大,但由于其他省市产业融合的快速发展,辽宁省在全国 31 个省市的排名是在下降的,已经由 2010 年的第 9 位下降到 2020 年的第 16 位。

内蒙古自治区第一产业增加值占地区总产值的比重由 2010 年的 9.38%上升到 2020 年的 11.67%,但同期全国平均水平却是在下降的,排名也由第 12 位下降至第 23 位。

表 3-24　2010 年和 2020 年全国各地区第一产业增加值比重对比

地区	2010 年（亿元）		占比（%）	2020 年（亿元）		占比（%）
	总产值	第一产业增加值		总产值	第一产业增加值	
全国	412119.30	38430.80	9.33	1013567.00	78030.90	7.70
北京	14113.58	124.36	0.88	36102.55	107.60	0.30
天津	9224.46	145.58	1.58	14803.73	210.18	1.42
河北	20394.26	2562.81	12.57	36206.89	3880.14	10.72
山西	9200.86	554.48	6.03	17651.93	946.68	5.36
内蒙古	11672.00	1095.28	9.38	17359.82	2025.12	11.67
辽宁	18457.27	1631.08	8.84	25114.96	2284.61	9.10
吉林	8667.58	1050.15	12.12	12311.32	1553.00	12.61

续表

地区	2010 年（亿元）		占比（%）	2020 年（亿元）		占比（%）
	总产值	第一产业增加值		总产值	第一产业增加值	
黑龙江	10368.60	1302.90	12.57	13698.50	3438.29	25.10
上海	17165.98	114.15	0.66	38700.58	103.57	0.27
江苏	41425.48	2540.10	6.13	102718.98	4536.72	4.42
浙江	27722.31	1360.56	4.91	64613.34	2169.23	3.36
安徽	12359.33	1729.02	13.99	38680.63	3184.68	8.23
福建	14737.12	1363.67	9.25	43903.89	2732.32	6.22
江西	9451.26	1206.98	12.77	25691.50	2241.59	8.73
山东	39169.92	3588.28	9.16	73129.00	5363.76	7.33
河南	23092.36	3258.09	14.11	54997.07	5353.74	9.73
湖北	15967.61	2147.00	13.45	43443.46	4131.91	9.51
湖南	16037.96	2325.50	14.50	41781.49	4240.45	10.15
广东	46013.06	2286.98	4.97	110760.94	4769.99	4.31
广西	9569.85	1675.06	17.50	22156.69	3555.82	16.05
海南	2064.50	539.83	26.15	5532.39	1135.98	20.53
重庆	7925.58	685.38	8.65	25002.79	1803.33	7.21
四川	17185.48	2482.89	14.45	48598.76	5556.58	11.43
贵州	4602.16	625.03	13.58	17826.56	2539.88	14.25
云南	7224.18	1108.38	15.34	24521.90	3598.91	14.68
西藏	507.46	68.72	13.54	1902.74	150.65	7.92
陕西	10123.48	988.45	9.76	26181.86	2267.54	8.66
甘肃	4120.75	599.28	14.54	9016.70	1198.14	13.29
青海	1350.43	134.92	9.99	3005.92	334.30	11.12
宁夏	1689.65	159.29	9.43	3920.55	338.01	8.62
新疆	5437.47	1078.63	19.84	13797.58	1981.28	14.36

数据来源：中国统计年鉴

五、粮食产量对比

2020 年全国各地区粮食产量对比如表 3-25 所示:

表 3-25　2020 年全国各地区粮食产量及排名

（单位:万吨）

排名	省份	粮食产量	排名	省份	粮食产量
0	全国	66949.2	16	山西	1424.3
1	黑龙江	7540.8	17	广西	1370.0
2	河南	6825.8	18	陕西	1274.8
3	山东	5446.8	19	广东	1267.6
4	安徽	4019.2	20	甘肃	1202.2
5	吉林	3803.2	21	重庆	1081.4
6	河北	3795.9	22	贵州	1057.6
7	江苏	3729.1	23	浙江	605.7
8	内蒙古	3664.1	24	福建	502.3
9	四川	3527.4	25	宁夏	380.5
10	湖南	3015.1	26	天津	228.2
11	湖北	2727.4	27	海南	145.5
12	辽宁	2338.8	28	青海	107.4
13	江西	2163.9	29	西藏	102.9
14	云南	1895.9	30	上海	91.4
15	新疆	1583.4	31	北京	30.5

数据来源:国家统计局

黑龙江省作为我国农业大省,是我国最重要的商品粮基地和粮食战略后备基地。2020 年,黑龙江省粮食总产创历史新高,达到 7540.8 万吨,占全国的 11.26%,连续十一年居全国首位。

由于全国粮食净调出省持续减少,吉林省作为保障粮食安全的"压舱石"

和"蓄水池"五个省(区)之一,每年净调出约 1750 万吨,仅次于黑龙江省,调出率达 50%左右。[①] 2020 年,吉林省粮食总产量为 3803.2 万吨,占全国粮食总产量的 5.68%,在全国排名第 5 位。

辽宁省是我国十三个粮食主产省之一,是重要的商品粮生产基地和储备基地。2020 年,辽宁省粮食总产量为 2338.8 万吨,占全国粮食总产量的 3.49%,居全国第 12 位。

内蒙古自治区作为全国十三个粮食主产省区之一,每年为国家提供商品粮超过 200 亿斤。2020 年,内蒙古自治区粮食总产量为 3664.1 万吨,占全国粮食总产量的 5.47%,居全国第 8 位。

六、农产品加工业利润总额对比

2020 年全国各省份农产品加工业利润总额的排名情况如表 3-26 所示:

2012 年以来,黑龙江省农村第二产业得到了长足发展,但与全国其他省份相比,黑龙江省农产品加工业竞争力并没有得到显著提高。黑龙江省 2020 年农产品加工业利润总额为 42.3 亿元,占全国农产品加工业利润总额的 1.88%,位于全国第 16 位,仅处于全国中游水平。

吉林省农产品加工业得到了显著的发展,但是与国内其他省份相比,竞争力仍略显不足。在 2020 年全国各地区农产品加工业利润总额排名情况中,吉林省处在第 21 位。吉林省利润总额占全国总额的 0.45%,仍然处在全国末端水平。

辽宁省农产品加工业的利润总额逐年上涨,但是辽宁省的排名位于全国第 15 位,仅处于全国中游水平。

内蒙古自治区农产品加工业的利润总额虽然在增长,但与其他省份相比该数值并不高,位于全国第 26 位,仅处于全国末端水平。

---

① 徐北春、张晓峰、杨宁、徐晓红、舒坤良:《以农业高质量发展提升吉林省粮食安全保障能力》,《玉米科学》2020 年第 6 期。

表 3-26　2020 年全国各地区农产品加工业利润总额及排名

（单位：亿元）

排名	省份	农产品加工业利润总额	排名	省份	农产品加工业利润总额
0	全国	2244.09	16	黑龙江	42.30
1	河南	254.36	17	浙江	38.50
2	福建	204.95	18	云南	37.45
3	山东	198.10	19	上海	27.91
4	江西	177.26	20	新疆	22.32
5	四川	173.66	21	吉林	21.22
6	湖北	167.78	22	天津	17.56
7	湖南	155.11	23	北京	17.50
8	广东	124.20	24	贵州	12.69
9	江苏	106.43	25	甘肃	8.85
10	安徽	92.75	26	内蒙古	8.23
11	河北	69.6	27	海南	5.04
12	陕西	68.83	28	宁夏	4.94
13	重庆	64.64	29	青海	0.49
14	广西	64.33	30	西藏	0.42
15	辽宁	56.89	31	山西	-0.25

数据来源：中国工业统计年鉴

七、第三产业增加值对比

虽然三省一区的第三产业增加值在不断增加，但无论是与同样作为"农业大省"的山东、河南、河北、四川、湖南五个省份 2012 年至 2021 年十年间第三产业增加值相比，还是与我国 2021 年这五个省份第三产业增加值相比，都存在着较大的差距，如表 3-27 所示。

表 3-27　2012—2021 年三省一区与我国其他农业大省第三产业增加值对比

年份	河北	河南	山东	四川	湖南	黑龙江	吉林省	辽宁省	内蒙古
2012	9243.8	10342.2	17634.4	9548.8	8712.7	3796.5	4167.2	7092.4	4463.3
2013	9939.3	11809.9	20274.3	10841.7	10042.3	4106.9	4605.5	8031.2	4939.4
2014	10567.3	13446.9	22524.0	12283.9	11385.2	4607.4	4891.5	8984.9	5405.8
2015	11778.4	15120.7	25571.1	13488.6	13125.0	5050.9	4909.6	9811.9	6049.2
2016	13059.3	17198.8	28367.2	15787.8	14995.9	5454.0	5395.5	10685.6	6558.9
2017	14732.8	19745.3	31253.8	19073.5	17369.9	5828.2	5831.2	11461.8	7374.0
2018	16252.0	23586.2	34174.7	22417.7	19341.4	6309.3	6041.6	12441.0	8054.7
2019	18066.4	26046.5	37251.7	24368.3	20845.2	6721.1	6304.7	13201.4	8586.1
2020	18368.4	26684.5	38977.2	25439.2	21352.7	6738.5	6383.1	13369.1	8321.1
2021	19996.7	28934.9	43879.7	28287.6	23614.1	7440.9	6913.4	14247.1	8914.8

数据来源:国家统计局

第四章　东北地区农村产业融合测度

第一节　农村产业融合测度指标体系构建

农村产业融合发展已经成为实施乡村振兴战略的重要抓手,也是现代化农业发展的新方向。推进农业产业深度融合,是培育国民经济新的增长点、提升国家产业竞争力的重大举措,是发展创新型经济、实现供给侧结构性改革、促进农业发展方式转变的内在要求。[①] 将农业融入二三产业的利益链中有利于促进为农村发展建设带来更大经济效益和社会效益。因此对东北地区农村产业融合发展水平进行深度探究,并对其进行评价具有十分重要的意义。国内外关于产业融合度的测算有很多方法,包括熵值法、层次分析法、灰色关联分析法、赫芬达尔指数、主成分分析法等。本章关于东北地区农村产业融合水平指标体系构建主要借鉴了李治等(2019)以北京市为例运用熵值法构建的农村一二三产业融合的评价体系;[②]杨怀东等(2020)对某地

①　李芸、陈俊红、陈慈:《北京市农业产业融合评价指数研究》,《农业现代化研究》2017年第2期。

②　李治、王一杰、胡志全:《农村一、二、三产业融合评价体系的构建与评价——以北京市为例》,《中国农业资源与区划》2019年第11期。

区的农村一二三产业融合指标体系进行熵值法和耦合协调度的测算的做法,[①]主要采用熵值法对东北地区各省(区)农村一二三产业融合发展水平进行评价分析。收集东北地区各省(区)的基础数据,运用熵值法对各省(区)融合发展水平进行测度以及为农村发展带来的经济效益和社会效益进行评价分析。

一、构建原则

在农村产业融合指标体系构建的过程中指标的选取必须依照科学性、系统性和可获得性原则。科学性原则要求选取的指标是能够真实地反映出农村产业融合的特点且有针对性的数据,指标以及数据本身需要客观、合理、准确。系统性原则要求选取的指标要能够综合反映出农村一二三产业之间的联系,能够多角度全方位地反映出评价领域中不同层次的特点。可获得性原则要求选取的指标是可以通过收集、统计、计算等方式容易获取的指标数据,对于较难获取的数据选择易获取的替代指标数据,并且通过对获取的数据进行归纳、分析,力求以较少的数据反映出较为完整的测度体系。

二、指标构建思路

依托上述指标选取的原则,结合东北地区农村产业融合发展的实际情况,从两个方面评价东北地区各省(区)农村产业融合发展的水平。选取农村产业融合行为 A1、农村产业融合效益 A2 作为一级指标层。农村产业融合行为这一层指标下,包含农业产业链延伸 B1、农业多功能拓展型融合 B2、科技渗透型融合 B3 三个二级指标。

农村产业融合效益这层指标下包含经济效益 B4、社会效益 B5 两个二级

---

① 杨怀东、张小蕾:《现代农业发展的耦合协调性研究——基于湖南省农村产业融合分析》,《调研世界》2020 年第 3 期。

指标。以此为框架初步构建东北地区农村产业融合发展水平测度指标体系,并且还将进一步结合各省(区)特有的情况划分三级指标。因此本章中对农村产业融合发展水平测度指标体系将划分三个层级:一级指标(目标层)、二级指标(准则层)、三级指标(指标层),评价指标体系设计框架如图4-1所示。

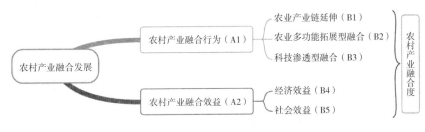

图4-1　农村产业融合评价指标体系设计框架

三、模型构建:熵值法

熵值法作为一种计算指标离散程度的数学方法,基于熵的概念与性质,对指标数据的信息量权重进行计算,进而判断指标无序程度,是一种客观的加权方法。简单来讲就是利用指标的信息熵来计算每个指标的重要程度,熵值越小,指标在系统整体评价中发挥的作用就越稳定;指标越大,则系统就越混乱。熵值法具有能够规避指标之间信息重叠,客观地反映变量的影响效用等优势。因此本章主要使用熵值法对东北地区各省(区)融合发展水平进行测度。具体步骤如下:

设农村产业融合发展水平的统计数据有 n 个样本,且评价系统中存在 m 个指标,其中 $X_{ij}(i=1,2\cdots n;j=1,2\cdots m)$ 表示第 i 个样本的第 j 个指标的数值,对于每个指标来说,其值的差异程度越大,信息熵越小,则指标中的权重越高;反之则权重越低。因此,根据各指标的变化程度,利用信息熵来计算各指标的权重,最终得出省域农村产业融合发展的综合评价。

第一步,数据标准化处理。

在指标评价体系中,由于各指标数据的单位不同,数值大小不同,为了实现统一标准,必须对其进行无量纲化处理。并且在熵值法的计算过程中存在正向指标、负向指标。正向指标的数值越大,代表着对产业融合的正向影响就越大;负向指标的数值越大,则对产业融合的负面效应就愈发明显。因此将数据进行标准化处理,存在正向指标和负向指标两种处理方式。见公式(4.1)、(4.2)。

若指标越大越好,则选择正向指标:

$$X'_{ij} = \frac{X_{ij} - \text{Min}(X_{ij})}{\text{Max}(X_{ij}) - \text{Min}(X_{ij})} \tag{4.1}$$

若指标越小越好,则选择负向指标:

$$X'_{ij} = \frac{\text{Max}(X_{ij}) - X_{ij}}{\text{Max}(X_{ij}) - \text{Min}(X_{ij})} \tag{4.2}$$

为使得数据结果有意义,则需要消除零值和负值,即 $X'_{ij} = X_{ij} + \alpha$。为避免 α 影响数据的基本规律,α 的取值必须尽可能地小,即 $\alpha = 0.0001$。

第二步,计算出第 j 项指标下第 i 个样本占该指标的权重,见公式(4.3)。

$$P_{ij} = \frac{X'_{ij}}{\sum_{i=1}^{n} X'_{ij}} \tag{4.3}$$

第三步,计算第 j 项指标的熵值,见公式(4.4)。

$$e_j = -K \sum_{i=1}^{n} [P_{ij} \ln(P_{ij})] \tag{4.4}$$

其中,$K = \dfrac{1}{\ln(n)}$,($K > 0$,n 为样本个数)。

第四步,计算第 j 项指标的差异系数,见公式(4.5)。

$$d_j = 1 - e_j \tag{4.5}$$

第五步,计算指标权重 w_j,见公式(4.6)。

$$w_j = \frac{d_j}{\sum_{j=1}^{m} d_j} \tag{4.6}$$

第六步,计算样本的综合得分,见公式(4.7)。

$$Z_j = \sum_{j=1}^{m} w_j P_{ij} \qquad (4.7)$$

Z_j 越大,代表着农村产业融合发展水平越高。

第二节 黑龙江省农村产业融合测度

一、指标说明及数据来源

二级指标农业产业链延伸(B1)包括:

农产品加工业营业收入(X1),正向指标,能够体现出农业与工业之间最基础的联系,也是农业产业链延伸的重要方式。农产品加工业营业收入越高,代表农业产业链纵向延伸越长。

农产品加工业主营业务收入与农业总产值比(X2),正向指标,它反映出了农业与工业体系的结合,也体现出农业与工业的产业融合程度的高低。能够直观地显示出初级农产品经工业加工后,产值增长的程度。

规模以上农产品加工制造业企业单位数(X3),正向指标,该指标为涉及农产品加工的相关行业企业数量的总数,在一定程度上代表着区域内农产品加工行业的规模,以及业态发展水平。

二级指标农业多功能拓展型融合(B2)包括:

休闲农业年营收入(X4),正向指标,休闲农业是在农业景观资源的基础上扩展的农业生产经营活动,是反映农业旅游文化功能的一个重要指标。

休闲农业和乡村旅游年接待游客人次(X5),正向指标,指的是区域内休闲农业和乡村旅游的客流量,反映出休闲农业的知名度和成熟度,从侧面体现融合水平。

绿色农业、有机农业种植面积(X6),正向指标,该指标体现出农业高质量发展程度,反映出农业向环境保护、绿色生态化拓展的指标。

二级指标科技渗透型融合(B3)包括:

农村用电量(X7),正向指标,是指农村居民生活用电和生产用电的总和,由于农村居民日常生活用电量较少,以及现代科学技术不断渗透对生产活动的用电要求逐步提升,因此该指标能够反映出农村生产实际的科技渗透以及机械化水平。

农产品电子商务交易额(X8),正向指标,该指标可以反映农业信息化的程度,以及农业与电子商务的融合程度。

二级指标经济效益(B4)包括:

第一产业增加值占 GDP 比重(X9),负向指标,该指标主要反映出了第一产业在社会经济产业结构中的基础位置,该数值越低说明融合发展水平越高。

农民人均可支配收入(X10),正向指标,实现农村致富、农民增收是农村产业融合最终的目的之一。因此该指标能够体现出农民收入与农村产业融合程度成正比的关系。

农林水财政支出占总财政支出比例(X11),正向指标,该指标能够体现出财政支持对第一产业的促进作用,象征着政府对农村农业的重视程度。

二级指标社会效益(B5)包括:

城乡居民人均收入比(X12),负向指标,指的是城镇居民与农村居民的人均纯收入的比值,该指标反映出农村居民和城镇居民之间的收入差距。

乡村非农就业比例(X13),正向指标,该指标体现出农村产业融合发展为农民提供了更多的就业机会和就业方向。反映出农村地区二三产业解决农民就业问题的情况。

城镇化率(X14),正向指标,指地区内城镇常住人口占总常住人口的比重,能够反映出城乡一体化发展的程度,指标体系如表4-1所示。

表 4-1 黑龙江省农村产业融合评价指标体系

A 目标层	B 准则层	C 指标层	性质
农村产业融合行为 A1	农业产业链延伸 B1	X1 农产品加工业营业收入（亿元）	正向
		X2 农产品加工业主营业务收入与农业总产值比（%）	正向
		X3 规模以上农产品加工制造业企业单位数（个）	正向
	农业多功能拓展型融合 B2	X4 休闲农业年营收入（亿元）	正向
		X5 休闲农业和乡村旅游年接待游客人次（亿人次）	正向
		X6 绿色农业、有机农业种植面积（万亩）	正向
	科技渗透型融合 B3	X7 农村用电量（亿千瓦时）	正向
		X8 农产品电子商务交易额（亿元）	正向
农村产业融合效益 A2	经济效益 B4	X9 第一产业增加值占 GDP 比重（%）	负向
		X10 农民人均可支配收入（元）	正向
		X11 农林水财政支出占总财政支出比例（%）	正向
	社会效益 B5	X12 城乡居民人均收入比（%）	负向
		X13 乡村非农就业比例（%）	正向
		X14 城镇化率（%）	正向

该省数据主要来源于 2012—2021 年《黑龙江省统计年鉴》、《黑龙江省国民经济和社会发展统计公报》、国家统计局网站的相关统计数据，少数数据来自相关部门及政府统计报告和各类新闻报道，数据如表 4-2、表 4-3 所示。

表 4-2 2011—2020 年黑龙江省农村产业融合指标基础数据（X1—X7）

年份	X1	X2	X3	X4	X5	X6	X7
2011	2350.00	75.73	623.00	40.00	1.40	6430.00	58.20
2012	2354.60	61.29	635.00	47.00	1.80	6720.00	64.30
2013	2688.90	58.96	648.00	52.00	2.20	7004.00	67.00
2014	2925.60	60.13	628.00	59.00	2.60	7209.00	69.60
2015	2975.10	59.15	592.00	68.00	3.20	7309.00	72.60

年份	X1	X2	X3	X4	X5	X6	X7
2016	2963.10	56.95	552.00	74.50	3.90	7400.00	77.50
2017	2394.80	42.87	468.00	82.40	4.20	7481.00	79.80
2018	2375.40	42.23	420.00	42.00	4.30	8046.70	82.80
2019	2602.70	43.89	427.00	41.70	4.70	8120.00	85.60
2020	2748.10	42.68	420.00	40.00	4.20	8514.00	89.70

表 4-3   2011—2020 年黑龙江省农村产业融合指标基础数据(X8—X14)

年份	X8	X9	X10	X11	X12	X13	X14
2011	372.10	17.07	7591.00	12.74	207.00	35.20	56.50
2012	453.12	19.24	8604.00	13.57	206.00	35.86	56.90
2013	587.60	21.43	9634.00	13.70	203.00	43.44	58.00
2014	897.23	22.11	10453.00	14.20	216.00	48.13	59.20
2015	1711.34	23.20	11095.00	16.95	218.00	51.87	60.50
2016	1954.80	23.13	11832.00	18.97	218.00	53.23	61.10
2017	2137.30	24.08	12665.00	17.56	217.00	53.22	61.90
2018	2178.70	23.36	13804.00	17.84	211.00	53.01	63.50
2019	2243.70	23.50	14982.00	17.60	207.00	59.27	64.60
2020	2316.40	25.27	16168.00	16.78	192.00	58.09	65.60

二、数据处理

(一)数据标准化处理

根据表 4-2、表 4-3 中的数据,利用公式(4.1)、(4.2)对其进行标准化处理,处理结果如表 4-4、表 4-5 所示。

表4-4 X1—X7数据标准化处理结果

年份	X1	X2	X3	X4	X5	X6	X7
2011	0.0001	1.0001	0.890450877	0.0001	0.0001	0.0001	0.0001
2012	0.007458823	0.569055224	0.943082456	0.16519434	0.121312121	0.13925547	0.193750794
2013	0.542253255	0.499502985	1.0001	0.283118868	0.242524242	0.275531862	0.279465079
2014	0.92091267	0.534428358	0.912380702	0.448213208	0.363736364	0.373900384	0.362004762
2015	1.0001	0.505174627	0.754485965	0.660477358	0.545554545	0.421885029	0.457242857
2016	0.980903072	0.439502985	0.579047368	0.813779245	0.757675758	0.465551056	0.612798413
2017	0.071768533	0.019204478	0.210626316	1.0001	0.848584848	0.504418618	0.685814286
2018	0.040733499	0.0001	0.0001	0.047269811	0.878887879	0.775867754	0.781052381
2019	0.404355319	0.049652239	0.030801754	0.04019434	1.0001	0.811040499	0.86994127
2020	0.636958103	0.013532836	0.0001	0.0001	0.848584848	1.0001	1.0001

表4-5 X8—X14数据标准化处理结果

年份	X8	X9	X10	X11	X12	X13	X14
2011	0.0001	1.0001	0.0001	0.0001	0.423176923	0.0001	0.0001
2012	0.041770524	0.735465854	0.118206564	0.133326324	0.461638462	0.027520025	0.044056044
2013	0.110936805	0.468392683	0.238295173	0.154193098	0.577023077	0.342434857	0.164935165
2014	0.270186921	0.385465854	0.333783106	0.23444992	0.077023077	0.537283216	0.296803297
2015	0.688903168	0.252539024	0.408634453	0.67586244	0.0001	0.692663357	0.43966044
2016	0.81412047	0.26107561	0.494561933	1.0001	0.0001	0.749165226	0.505594505
2017	0.907984586	0.145221951	0.591682138	0.773775762	0.038561538	0.748749771	0.593506593
2018	0.929277596	0.233026829	0.724479154	0.818719583	0.269330769	0.740025218	0.769330769
2019	0.962708651	0.215953659	0.861823213	0.780196308	0.423176923	1.0001	0.89020989
2020	1.0001	0.0001	1.0001	0.64857512	1.0001	0.951076319	1.0001

（二）权重计算

根据表4-4、表4-5数据标准化处理结果使用公式（4.3）计算出各指标的权重,计算结果如表4-6、表4-7所示。

表 4-6　X1—X7 各指标权重计算结果 P

年份	X1	X2	X3	X4	X5	X6	X7
2011	0.0001	1.0001	0.8905	0.0001	0.0001	0.0001	0.0001
2012	0.0075	0.5691	0.9431	0.1652	0.1213	0.1393	0.1938
2013	0.5423	0.4995	1.0001	0.2831	0.2425	0.2755	0.2795
2014	0.9209	0.5344	0.9124	0.4482	0.3637	0.3739	0.3620
2015	1.0001	0.5052	0.7545	0.6605	0.5456	0.4219	0.4572
2016	0.9809	0.4395	0.5790	0.8138	0.7577	0.4656	0.6128
2017	0.0718	0.0192	0.2106	1.0001	0.8486	0.5044	0.6858
2018	0.0407	0.0001	0.0001	0.0473	0.8789	0.7759	0.7811
2019	0.4044	0.0497	0.0308	0.0402	1.0001	0.8110	0.8699
2020	0.6370	0.0135	0.0001	0.0001	0.8486	1.0001	1.0001

表 4-7　X8—X14 各指标权重计算结果 P

年份	X8	X9	X10	X11	X12	X13	X14
2011	0.0001	1.0001	0.0001	0.0001	0.4232	0.0001	0.0001
2012	0.0418	0.7355	0.1182	0.1333	0.4616	0.0275	0.0441
2013	0.1109	0.4684	0.2383	0.1542	0.5770	0.3424	0.1649
2014	0.2702	0.3855	0.3338	0.2344	0.0770	0.5373	0.2968
2015	0.6889	0.2525	0.4086	0.6759	0.0001	0.6927	0.4397
2016	0.8141	0.2611	0.4946	1.0001	0.0001	0.7492	0.5056
2017	0.9080	0.1452	0.5917	0.7738	0.0386	0.7487	0.5935
2018	0.9293	0.2330	0.7245	0.8187	0.2693	0.7400	0.7693
2019	0.9627	0.2160	0.8618	0.7802	0.4232	1.0001	0.8902
2020	1.0001	0.0001	1.0001	0.6486	1.0001	0.9511	1.0001

（三）熵值计算

根据表4-6、表4-7各指标权重计算结果,使用公式(4.4)对各指标熵值进行计算,计算结果如表4-8所示。

表4-8　X1—X14 第 j 项熵值计算结果

	X1	X2	X3	X4	X5	X6	X7
e_j	0.798776152	0.798330401	0.824616162	0.75628873	0.895984198	0.8996889	0.907883328
	X8	**X9**	**X10**	**X11**	**X12**	**X13**	**X14**
e_j	0.860059707	0.873087458	0.892312962	0.883970134	0.790808679	0.894519896	0.867949524

（四）差异系数和权重计算

根据表4-8熵值计算结果,使用公式(4.5)计算各指标差异系数,再使用公式(4.6)计算评价指标权重,计算结果如表4-9所示。

表4-9　X1—X14 第 j 项差异系数和权重计算结果

	X1	X2	X3	X4	X5	X6	X7
d_j	0.201223848	0.201669599	0.175383838	0.24371127	0.104015802	0.1003111	0.092116672
w_j	0.097884672	0.098101507	0.085314885	0.118552538	0.050598141	0.048796002	0.044809849
	X8	**X9**	**X10**	**X11**	**X12**	**X13**	**X14**
d_j	0.139940293	0.126912542	0.107687038	0.116029866	0.209191321	0.105480104	0.132050476
w_j	0.068073491	0.061736185	0.052384002	0.056442343	0.101760423	0.051310446	0.064235515

三、黑龙江省农村产业融合发展水平指标综合得分

根据表4-9第j项权重计算结果和表4-6 P 值计算结果,使用公式(4.7)分别计算出黑龙江省农业产业融合发展综合得分、农村产业融合行为和农村产业融合效益综合得分,计算结果如表4-10所示。

表 4-10　2011—2020 年黑龙江省农村产业融合发展水平综合得分结果

年份	农业产业链延伸	农业多功能拓展型融合	科技渗透型融合	经济效益	社会效益	综合得分
2011	0.0410	0.0001	0.0001	0.0167	0.0001	0.0580
2012	0.0310	0.0082	0.0022	0.0150	0.0008	0.0573
2013	0.0410	0.0147	0.0037	0.0121	0.0053	0.0768
2014	0.0480	0.0225	0.0063	0.0126	0.0088	0.0983
2015	0.0470	0.0319	0.0121	0.0160	0.0121	0.1192
2016	0.0420	0.0395	0.0149	0.0206	0.0135	0.1305
2017	0.0390	0.0471	0.0167	0.0173	0.0147	0.1348
2018	0.0390	0.0375	0.0177	0.0207	0.0171	0.1320
2019	0.0410	0.0387	0.0189	0.0215	0.0210	0.1411
2020	0.0440	0.0379	0.0204	0.0180	0.0221	0.1424

四、计算结果分析

根据表 4-10 的计算结果,绘制出了黑龙江省农村产业融合发展水平综合得分折线图,如图 4-2 所示,黑龙江省农村产业融合发展综合得分从 2011 年的 0.0580 增长到 2020 年的 0.1424,可以看出 2011 年至 2020 年,黑龙江省的农村产业融合发展整体情况呈上升态势,2012 年至 2017 年上升速度较快,2017 年后增长速度逐渐放缓,其中 2018 年出现了回落的情况。与农村产业融合行为相关的指标中,科技渗透型融合发展始终呈现稳定上升趋势,而农业产业链延伸、农业多功能拓展型融合发展不太稳定。其中农业多功能拓展型融合在 2017 年达到峰值后,在 2018 年出现回落,此后两年指标的变化趋于稳定,但均未有较大的提升。因此下一步黑龙江省农村产业融合发展的重点是加强农业产业链延伸,并进一步开发农业多功能属性,大力发展休闲农业、绿色农业等产业。

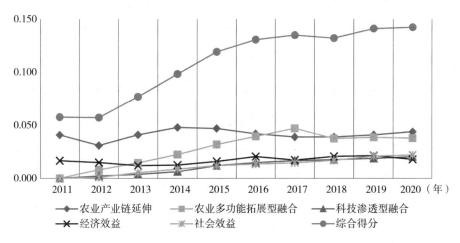

图 4-2　黑龙江省农村产业融合测度综合得分

第三节　吉林省农村产业融合测度

一、指标说明及数据来源

在吉林省的农村产业融合评价指标体系中,X6 绿色农业、有机农业种植面积较难获取,因此替换为具有相似功能性的指标"农村化肥农药施用量",以及将指标 X7 农村用电量,替换为"农业科技进步贡献率",更符合吉林省农业发展现状,如表 4-11 所示。

农村化肥农药施用量(X6),负向指标,农村化肥的施用量越高,代表着农业生产对环境的破坏愈严重,因此该指标能够反映出化肥的施用对农业生态功能造成的影响。

农业科技进步贡献率(X7),正向指标,科学技术的渗透对农业现代化发展产生着十分重要的影响,因此该指标能够正面反映出科技渗透对农业产值增加的贡献程度。

表 4-11　吉林省农村产业融合评价指标体系

A 目标层	B 准则层	C 指标层	性质
农村产业融合行为 A1	农业产业链延伸 B1	X1 农产品加工业主营业务收入(亿元)	正向
		X2 农产品加工业主营业务收入与农业总产值比例(%)	正向
		X3 规模以上农产品加工制造业企业单位数(个)	正向
	农业多功能拓展型融合 B2	X4 休闲农业年营业收入(亿元)	正向
		X5 休闲农业和乡村旅游年接待游客人次(万人次)	正向
		X6 农村化肥农药施用量(万吨)	负向
	科技渗透型融合 B3	X7 农业科技进步贡献率(%)	正向
		X8 农产品电子商务交易额(亿元)	正向
农村产业融合效益 A2	经济效益 B4	X9 第一产业增加值占 GDP 比重(%)	负向
		X10 农村居民人均可支配收入(元)	正向
		X11 农林水财政支出占总财政支出比例(%)	正向
	经济效益 B4	X12 城乡居民人均收入比(%)	负向
		X13 乡村非农就业比例(%)	正向
		X14 城镇化率(%)	正向

　　该省数据主要来源于 2012—2021 年《吉林省统计年鉴》、《吉林省国民经济和社会发展统计公报》、国家统计局网站的相关统计数据,少部分数据来自相关部门及政府统计报告和各类新闻报道,数据如表 4-12、表 4-13 所示。

表 4-12　2011—2020 年吉林省农村产业融合指标基础数据(X1—X7)

年份	X1	X2	X3	X4	X5	X6	X7
2011	3877.00	57.92	1842.00	37.00	1780.00	391.90	54.71
2012	4724.27	58.93	1868.00	40.00	1870.00	410.50	55.00
2013	5279.00	56.22	1900.00	44.00	1954.00	425.80	55.00
2014	5492.00	60.02	1891.00	65.00	2400.00	440.10	55.00
2015	5716.00	61.04	2081.00	68.00	2950.00	444.40	57.00
2016	5200.00	63.86	2259.00	77.00	3300.00	444.60	58.00

续表

年份	X1	X2	X3	X4	X5	X6	X7
2017	5607.00	62.44	2279.00	81.00	3820.00	434.90	58.30
2018	5600.00	78.98	2279.00	90.00	4000.00	423.96	58.60
2019	4800.00	61.76	924.00	97.00	4500.00	414.99	58.60
2020	4000.00	51.25	859.00	92.00	4100.00	407.89	59.40

表 4-13 2011—2020 年吉林省农村产业融合指标基础数据（X8—X14）

年份	X8	X9	X10	X11	X12	X13	X14
2011	1660.00	14.30	7509.95	11.61	223.00	34.50	53.40
2012	1730.00	13.78	8598.17	11.79	221.00	35.88	54.54
2013	1840.00	13.26	9621.21	11.59	218.00	35.18	55.74
2014	1970.00	12.74	10780.12	10.60	215.00	37.33	56.81
2015	2230.00	12.68	11326.17	12.70	220.00	38.04	57.64
2016	2310.00	10.84	12122.94	15.35	219.00	40.17	58.75
2017	3300.00	10.03	12950.44	14.89	219.00	41.54	59.71
2018	3478.00	10.31	13748.17	14.18	220.00	42.70	60.85
2019	3997.00	10.98	14936.05	14.35	216.00	43.80	61.63
2020	4236.00	12.67	16067.03	14.00	208.00	44.20	62.64

二、吉林省农村产业融合发展水平指标综合得分

由于上文黑龙江省的农村产业融合发展水平指标测度已有完整的计算过程，因此从本节开始将省略计算过程，直接展示指标测度结果，计算结果如表4-14所示。

表 4-14 2011—2020 年吉林省农村产业融合发展水平综合得分结果

年份	农业产业链延伸	农业多功能拓展型融合	科技渗透型融合	经济效益	社会效益	综合得分
2011	0.0089	0.0240	0.0001	0.0024	0.0001	0.0355
2012	0.0135	0.0168	0.0020	0.0058	0.0063	0.0444

续表

年份	农业产业链延伸	农业多功能拓展型融合	科技渗透型融合	经济效益	社会效益	综合得分
2013	0.0147	0.0113	0.0032	0.0082	0.0108	0.0482
2014	0.0178	0.0124	0.0046	0.0090	0.0195	0.0633
2015	0.0204	0.0148	0.0160	0.0148	0.0147	0.0807
2016	0.0205	0.0191	0.0211	0.0275	0.0208	0.1089
2017	0.0217	0.0279	0.0332	0.0300	0.0240	0.1368
2018	0.0310	0.0360	0.0365	0.0285	0.0258	0.1579
2019	0.0105	0.0450	0.0422	0.0285	0.0340	0.1602
2020	0.0006	0.0445	0.0482	0.0241	0.0469	0.1643

三、计算结果分析

根据表4-14的计算结果,绘制出了吉林省农村产业融合发展水平综合得分折线图,如图4-3所示,吉林省农村产业融合程度是不断加深的。与农村产业融合行为相关的指标中,科技渗透型融合的发展态势最好,呈现持续上升的状态,由此说明互联网技术和现代农业技术的渗透在一定程度上影响了农村产业融合的发展。反观农业产业链延伸,在2018年达到峰值后出现了逐年下降的趋势。因此下一步吉林省农村产业融合的发展重点应该在加强产业上下游之间的联系,扩大产业集群。在农村产业融合的经济效益和社会效益的相关指标中,经济效益和社会效益得分的增长趋势较为明显。说明吉林省农村产业融合的不断推进对农村经济和社会发展具有一定的积极影响。

第四节　辽宁省农村产业融合测度

一、指标说明及数据来源

辽宁省农村产业融合评价指标体系中所包含的指标在上文已有详细介绍,因此不再赘述,指标体系如表4-15所示。

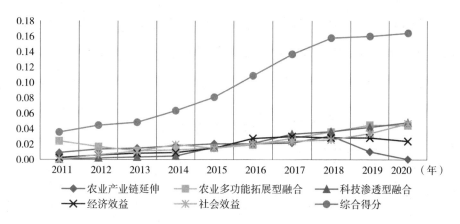

图 4-3 2011—2020 年吉林省农村产业融合测度综合得分

表 4-15 辽宁省农村产业融合评价指标体系

A 目标层	B 准则层	C 指标层	性质
农村产业 融合行为 A1	农业产业 链延伸 B1	X1 农产品加工业营业收入（万元）	正向
		X2 农产品加工业主营业务收入与农业总产值比例（%）	正向
		X3 规模以上农产品加工制造业企业单位数（个）	正向
	农业多功 能拓展型 融合 B2	X4 休闲农业年营业收入（亿元）	正向
		X5 休闲农业和乡村旅游年接待游客人次（万人次）	正向
		X6 农村化肥农药施用量（万吨）	负向
	科技渗透 型融合 B3	X7 农村用电量（亿千瓦时）	正向
		X8 农产品电子商务交易额（亿元）	正向
农村产业 融合效益 A2	经济效益 B4	X9 第一产业增加值占 GDP 比重	负向
		X10 农村居民人均可支配收入（元）	正向
		X11 农林水财政支出占总财政支出比例（%）	正向
	社会效益 B5	X12 城乡居民人均收入比（%）	负向
		X13 乡村非农就业比例（%）	正向
		X14 城镇化率（%）	正向

　　该省数据主要来源于 2012—2021 年《辽宁省统计年鉴》、《辽宁省国民经济和社会发展统计公报》、《中国休闲农业年鉴》、国家统计局网站的相关统计数据,少部分数据来自相关部门及政府统计报告和各类新闻报道,数据如表4-16、表 4-17 所示。

表 4-16　2011—2020 年辽宁省农村产业融合指标基础数据(X1—X7)

年份	X1	X2	X3	X4	X5	X6	X7
2011	2966.67	88.72	3925.00	84.30	3907.00	418.30	366.33
2012	3379.31	91.84	4009.00	97.60	4353.00	428.30	373.44
2013	3633.91	93.68	3934.00	148.90	4851.00	432.60	394.78
2014	3722.04	94.24	3571.00	174.40	5511.00	433.70	433.07
2015	3539.96	87.24	2804.00	141.60	4765.00	432.90	457.76
2016	2746.81	73.03	1902.00	168.50	5384.00	420.20	489.80
2017	2396.50	62.22	1506.00	190.00	6038.00	410.80	528.01
2018	2477.80	61.00	1505.00	201.60	6745.00	407.80	306.22
2019	2922.10	66.89	1584.00	215.00	7400.00	401.70	176.97
2020	3045.60	66.46	1527.00	143.10	3618.00	391.20	184.56

表 4-17　2011—2020 年辽宁省农村产业融合指标基础数据(X8—X14)

年份	X8	X9	X10	X11	X12	X13	X14
2011	87.60	10.35	8011.00	8.42	267.00	16.74	64.06
2012	106.40	10.47	9061.00	8.88	267.00	16.40	65.65
2013	135.74	10.27	10161.00	8.98	263.00	18.54	66.46
2014	175.87	10.00	11191.00	8.73	260.00	20.64	67.05
2015	259.79	10.16	12057.00	9.95	258.00	25.82	68.05
2016	217.27	9.03	12881.00	10.50	255.00	25.05	68.87
2017	286.51	8.77	13747.00	9.41	255.00	29.90	69.48
2018	395.10	8.60	14656.00	8.65	255.00	34.82	70.26
2019	357.50	8.76	16108.00	8.75	247.00	40.85	71.21
2020	446.87	9.14	17450.00	8.39	231.00	68.20	72.15

二、辽宁省农村产业融合发展水平指标综合得分

辽宁省农村产业融合发展综合得分、农村产业融合行为综合得分、农村产业融合的经济效益和社会效益综合得分,计算结果如表4-18所示。

表4-18 2011—2020年辽宁省农村产业融合发展水平综合得分结果

年份	农业产业链延伸	农业多功能拓展型融合	科技渗透型融合	经济效益	社会效益	综合得分
2011	0.0408	0.0096	0.0048	0.0014	0.0003	0.0569
2012	0.0461	0.0064	0.0058	0.0078	0.0016	0.0677
2013	0.0481	0.0087	0.0075	0.0120	0.0072	0.0836
2014	0.0453	0.0119	0.0101	0.0120	0.0118	0.0911
2015	0.0331	0.0078	0.0142	0.0282	0.0186	0.1019
2016	0.0117	0.0187	0.0133	0.0458	0.0210	0.1106
2017	0.0005	0.0275	0.0171	0.0341	0.0257	0.1050
2018	0.0006	0.0323	0.0159	0.0262	0.0306	0.1058
2019	0.0073	0.0388	0.0111	0.0279	0.0427	0.1278
2020	0.0075	0.0272	0.0149	0.0214	0.0787	0.1498

三、计算结果分析

根据表4-18的计算结果,绘制出了辽宁省农村产业融合发展水平综合得分折线图,如图4-4所示。辽宁省农村产业融合发展综合得分从2011年的0.0569增长到2020年的0.1498,黑龙江省的农村产业融合发展整体情况较为稳定,在2011年至2016年,整体得分的上升速度比较稳定,在2017年出现了下降的趋势,但是在2018年恢复增长,2018年至2020年增长速度大幅提

升。与农村产业融合行为相关的指标中,可以看出农业产业链延伸型融合发展的情况不太稳定,该指标自 2013 年达到峰值后便开始逐年下降,直到 2017 年才恢复平稳,虽有所增长但离峰值仍然有很大的差距,对比其他融合形式是处在相对弱势的水平。这与辽宁省的农产品加工营业收入和加工企业数量等数据都不够稳定有直接关系,说明辽宁省产业链延伸还是存在不足。

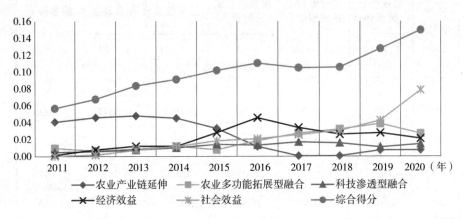

图 4-4　2011—2020 年辽宁省农村产业融合测度综合得分

第五节　内蒙古自治区农村产业融合测度

一、指标说明及数据来源

在内蒙古自治区的农村产业融合评价指标体系构建的过程中,考虑到内蒙古自治区存在丰富的草场和林业资源,因此将 X6 指标替换成为种草、造林面积,正向指标,能够更贴合内蒙古自治区农村产业多功能扩展型融合的情况;将指标 X8 替换成农村每百户互联网接入量,正向指标,能够清晰地反映出在农村生产生活中互联网技术普及和渗透的程度。内蒙古自治区农村产业融合评价指标体系如表 4-19 所示。

表 4-19　内蒙古自治区农村产业融合评价指标体系

A 目标层	B 准则层	C 指标层	性质
农村产业融合行为A1	农业产业链延伸B1	X1 农产品加工业营业收入（万元）	正向
		X2 农产品加工业主营业务收入与农业总产值比例（%）	正向
		X3 规模以上农产品加工制造业企业单位数（个）	正向
	农业多功能拓展型融合 B2	X4 休闲农业年营收入（亿元）	正向
		X5 休闲农业和乡村旅游年接待游客人次（万人次）	正向
		X6 种草、造林面积（万公顷）	正向
	科技渗透型融合 B3	X7 农村用电量（亿千瓦时）	正向
		X8 农村每百户互联网接入量（个）	正向
农村产业融合效益A2	经济效益B4	X9 第一产业增加值占 GDP 比重（%）	负向
		X10 农民人均可支配收入（元）	正向
		X11 农业财政支出占总财政支出比例（%）	正向
	社会效益B5	X12 城乡居民人均收入比（%）	负向
		X13 乡村非农就业比例（%）	正向
		X14 城镇化率（%）	正向

　　内蒙古自治区数据主要来源于 2012—2021 年《内蒙古自治区统计年鉴》、《内蒙古自治区国民经济和社会发展统计公报》、《中国休闲农业年鉴》、国家统计局网站的相关统计数据,少部分数据来自相关部门及政府统计报告和各类新闻报道,数据如表 4-20、表 4-21 所示。

表 4-20　2011—2020 年内蒙古自治区农村产业融合指标基础数据（X1—X7）

年份	X1	X2	X3	X4	X5	X6	X7
2011	1942.10	88.07	1185.00	14.00	1478.50	253.03	52.30
2012	2033.40	82.99	1185.00	17.90	1680.90	271.20	55.15
2013	2384.40	88.22	1164.00	22.25	1888.20	413.04	59.56
2014	2355.80	84.54	1156.00	29.00	2117.20	411.63	63.12

续表

年份	X1	X2	X3	X4	X5	X6	X7
2015	2262.40	81.92	1187.00	36.30	2384.70	285.46	72.26
2016	2452.60	87.48	1168.00	43.60	2748.80	244.69	71.09
2017	1821.10	64.73	780.00	55.60	3272.40	298.57	78.90
2018	1775.10	59.46	631.00	65.00	3670.70	242.46	85.51
2019	1996.30	62.85	513.00	75.40	5515.50	236.50	91.16
2020	2120.10	61.06	455.00	39.80	3567.40	178.00	93.21

表 4-21　2011—2020 年内蒙古自治区农村产业融合指标基础数据（X8—X14）

年份	X8	X9	X10	X11	X12	X13	X14
2011	10.86	13.85	6942.00	13.10	300.00	6.53	57.04
2012	11.00	13.88	7956.00	13.16	297.00	10.05	58.40
2013	11.34	13.89	8985.00	12.66	289.00	18.93	59.84
2014	11.28	13.47	9976.00	13.34	284.00	13.33	60.96
2015	14.06	12.59	10776.00	15.88	284.00	15.60	62.09
2016	15.75	11.97	11609.00	16.15	284.00	16.80	63.38
2017	16.78	11.07	12584.00	17.83	283.00	16.00	64.61
2018	17.91	10.85	13803.00	18.70	278.00	29.60	65.52
2019	19.42	10.83	15283.00	17.15	267.00	45.46	66.46
2020	20.14	11.76	16567.00	16.46	250.00	57.27	67.50

二、内蒙古自治区农村产业融合发展水平指标综合得分

内蒙古自治区农业产业融合发展综合得分、农村产业融合行为综合得分、农村产业融合效益综合得分,计算结果如表 4-22 所示。

表4-22　2011—2020 年内蒙古自治区农村产业融合发展水平综合得分结果

年份	农业产业链延伸	农业多功能拓展型融合	科技渗透型融合	经济效益	社会效益	综合得分
2011	0.0238	0.0038	0.0001	0.0015	0.0001	0.0291
2012	0.0232	0.0070	0.0013	0.0027	0.0042	0.0385
2013	0.0316	0.0166	0.0036	0.0026	0.0132	0.0677
2014	0.0294	0.0198	0.0046	0.0086	0.0129	0.0752
2015	0.0269	0.0170	0.0146	0.0225	0.0152	0.0962
2016	0.0325	0.0191	0.0186	0.0285	0.0170	0.1157
2017	0.0068	0.0282	0.0237	0.0404	0.0181	0.1173
2018	0.0020	0.0303	0.0287	0.0459	0.0282	0.1351
2019	0.0061	0.0440	0.0344	0.0436	0.0416	0.1697
2020	0.0069	0.0296	0.0369	0.0371	0.0550	0.1655

三、计算结果分析

根据表4-22 的计算结果,绘制了内蒙古自治区农村产业融合发展水平综合得分折线图,如图4-5 所示。2011 年至 2020 年内蒙古自治区农村产业融合发展综合得分总体增长情况较为稳定。但在 2020 年出现了明显回落。从农村产业融合行为的相关指标的得分中发现,农业多功能拓展型融合、科技渗透型融合发展态势较为良好,除 2020 年外都处于稳定增长的状态,而农业产业链延伸型融合自 2017 年下降后便再没有出现过较为明显的上升。从此可以看出内蒙古自治区农产品加工业的转型较为缓慢,产业结构调整升级是亟须解决的问题。从经济效益和社会效益的指标来看,10 年间经济效益得分从 0.0015 增长到 0.0371,社会效益从 0.0001 增长到 0.0550,二者存在较为显著的提升。这说明内蒙古自治区农村产业融合的发展为农村地区增产增收,提升农民生活质量,促进社会稳定和谐起到了至关重要的作用。

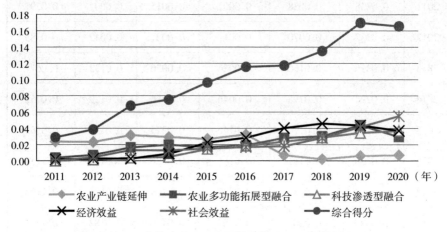

图4-5　内蒙古自治区农村产业融合测度综合得分

第六节　三省一区农村产业融合测度对比分析

本章通过构建农村产业融合测度指标体系,使用熵值法分析中国东北地区三省一区 2011—2020 年的面板数据,综合测算各地区农村产业融合发展水平。如表4-23 所示,三省一区三产融合度熵值法评分计算结果可以看出,东北地区农村产业融合发展的整体情况是综合评分逐年上升,说明东北地区农村产业融合程度逐年加深,农村产业融合的发展在持续不断推进。其中内蒙古自治区 2011 年综合得分 0.0291 在三省一区排名最低,但是到 2020 年内蒙古自治区的综合得分增长到了 0.1655,在三省一区排名最高。这说明内蒙古自治区 10 年间农村产业融合发展情况在东北地区最为突出,在三省一区中占据显著优势。

表 4-23　三省一区三产融合度熵值法评分计算结果

区域	年份	农业产业链延伸	农业多功能拓展型融合	科技渗透型融合	经济效益	社会效益	综合得分
黑龙江省	2011	0.0410	0.0001	0.0001	0.0167	0.0001	0.0580
	2020	0.0440	0.0379	0.0204	0.0180	0.0221	0.1424
吉林省	2011	0.0089	0.0240	0.0001	0.0024	0.0001	0.0355
	2020	0.0006	0.0445	0.0482	0.0241	0.0469	0.1643
辽宁省	2011	0.0408	0.0096	0.0048	0.0014	0.0003	0.0569
	2020	0.0075	0.0272	0.0149	0.0214	0.0787	0.1498
内蒙古自治区	2011	0.0238	0.0038	0.0001	0.0015	0.0001	0.0291
	2020	0.0069	0.0296	0.0369	0.0371	0.0550	0.1655

一、农业产业链延伸方面

在 2011—2020 年间,三省一区中只有黑龙江省在此方面的得分出现了上升,但上升程度并不明显,10 年间发展情况较为平稳,没有出现明显的增长或下降。如图 4-6 所示,可以明显地看出除黑龙江省外,其他地区 10 年间均出现了较大的波动,特别是吉林省,10 年间前期发展较为稳定,自 2018 年得分达到峰值后便出现了明显的回落,而辽宁省更是出现了高开低走的趋势。从整体来看,东北地区农业产业链延伸发展呈现不稳定的情况。

二、农业多功能拓展型融合方面

如图 4-7 所示,在 2011—2020 年间三省一区关于农业多功能拓展型融合的发展较为稳定,特别是从 2016 年开始各地区的此项得分情况都出现了大幅度的上涨。党中央、国务院关于农村产业融合发展的政策不断制订出台,国家

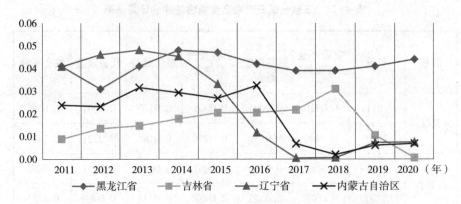

图 4-6　2011—2020 年三省一区产业链延伸融合测度评分图

和地方关于财政支农的力度不断增大,农村产业结构不断调整优化,特色小镇、文化旅游示范村不断建成、绿色农业生态农业积极发展,促进了各地区农业多功能性的发挥。特别是休闲农业年营业收入这样的产出性指标对提升农民收入具有较大的影响。值得注意的是,2020 年各地区的得分情况都出现了不同程度的回落,这可能与新冠肺炎疫情对农村多功能产业如休闲农业、乡村旅游等行业的冲击有着直接的关系。

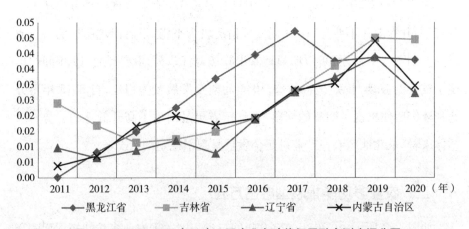

图 4-7　2011—2020 年三省一区农业多功能拓展融合测度评分图

三、科技渗透型融合方面

如图 4-8 所示,吉林省和内蒙古自治区的农村产业科技渗透融合发展情况比较显著,相比之下,辽宁省有小幅度的回落,而黑龙江省的发展情况较为迟缓。但总体来看,各地区农业科技化、现代化发展是不断加深的。特别是随着信息技术应用的持续推广,以及农村地区互联网大规模的普及,使得大量农村电商、网店不断涌现出来,"互联网+现代农业"相结合的方式,极大促进了农村产业融合的发展。

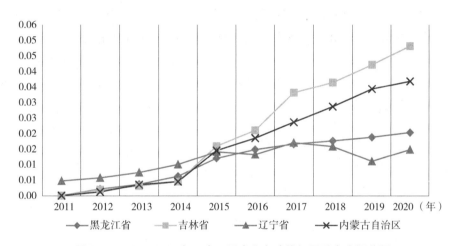

图 4-8　2011—2020 年三省一区农业多功能拓展融合度评分图

四、农村产业融合效益方面

如图 4-9 所示,随着三省一区农村产业融合水平的不断上升,经济效益和社会效益的指标得分整体情况也出现了明显的上升趋势,其中内蒙古自治区和吉林省的走势较为良好,并未出现较大的波动。说明农村产业融合的发展能够为农民和农村带来显著的经济效益和社会效益,能够更好地推动城乡一体化发展,实现农民增产增收、提升农民生活幸福感,进而保障城乡协调发展以及农村地区经济社会的可持续发展。

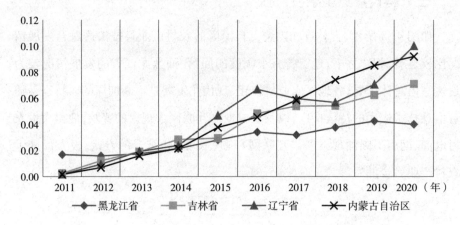

图4-9 2011—2020年三省一区农村产业融合效益测度评分图

第五章　东北地区农村产业融合发展存在的主要问题

第一节　东北地区整体存在的主要问题

一、市场导向作用发挥不充分

（一）农业经营主体分散

根据第三次全国农业普查数据，截至 2016 年，全国农业经营户共 20743 万户，其中规模农业经营户 398 万户、农业经营单位 204 万个。2016 年末，在工商部门注册的农民合作社总数 179 万个，其中，农业普查登记的以农业生产经营或服务为主的农民合作社 91 万个。

如表 5-1 所示，与其他地区相比，东北地区的农业经营户、规模农业经营户、农业经营单位以及农民合作社的数量都明显较少，与其他地区有很大差距，农业经营主体数量仅占全国的 5.7%。

表 5-1　2016 年分区域农业经营主体数量

（单位：万户、万个）

	全国	东部地区	中部地区	西部地区	东北地区
农业经营户	20743	6479	6427	6647	1190
规模农业经营户	398	119	86	110	83
农业经营单位	204	69	56	62	17
农民合作社	91	32	27	22	10

数据来源：第三次全国农业普查主要数据公报（2016 年为最新一次）

注：农民合作社是指以农业生产经营或服务为主的农民合作社

东北地区的新型农业经营主体实力不均，以种植业与养殖业为主，大多呈现规模小、数量多的状态。组织较为分散，并且缺乏带动力强的领头人，[1]在整合整体要素和资源时比较困难，缺乏抵御风险的能力。虽然农民专业合作社与一些龙头企业的数量逐渐增多，但在法制与管理方面仍存在缺陷，很多合作社甚至没有建立财务账目。除此之外，虽然合作社的数量增多，但大多数缺乏相关经验，很多只停留在养殖、种植、栽培等基础环节，[2]发展形式重数量、轻质量，重形式、轻内容，无法为产业融合提供更多有效贡献。

（二）缺乏品牌效应

2022 年 9 月 6 日，中国企业联合会、中国企业家协会（简称中国企联）在京举办新闻发布会，发布了"2022 中国企业 500 强"榜单。2022 中国企业 500 强分布在 29 个省（自治区、直辖市），分布最多的三个地区依次是北京、广东和山东。如表 5-2 所示，在全国 500 强企业中，东北地区的三省一区只入围了 10 个企业，数量与其他地区差距过大，说明东北地区的大型知名企业数量极少，其原因之一是东北地区对品牌效应的重视程度不足。

---

[1]　李玉琴：《黑龙江省新型农业经营主体推动农村一二三产业融合发展问题研究》，硕士学位论文，东北农业大学，2020 年。

[2]　苗苏皖、许倩倩、刘广琪、濮阳莉君、朱峻珲、曹玲玲：《新型农业经营主体推动农村产业融合发展的效应分析——以宿迁市为例》，《内蒙古科技与经济》2020 年第 7 期。

表 5-2　2022 年各地区企业 500 强数量

（单位：家）

地区	入围企业数量	地区	入围企业数量
北京市	88	广东省	59
山东省	50	浙江省	46
江苏省	44	上海市	31
河北省	23	福建省	19
四川省	15	湖北省	13
重庆市	12	河南省	11
陕西省	10	安徽省	9
山西省	8	江西省	8
广西壮族自治区	7	云南省	7
新疆维吾尔自治区	7	天津市	6
湖南省	6	甘肃省	6
内蒙古自治区	4	辽宁省	4
贵州省	3	吉林省	1
黑龙江省	1	青海省	1
宁夏回族自治区	1	—	—

数据来源：中国企业联合会、中国企业家协会网站。

东北地区的农业供给体系质量不够高，农产品加工业总量多但精深加工少，农产品品牌影响力不够强，抵御市场风险能力弱，[①]市场竞争力和综合效益相对较低。首先，品牌知名度不够高，缺乏在全国、世界知名的品牌，品牌效应还没有真正形成规模经济效益。其次，品牌意识不强，虽然有丰富的优质农产品，这些农产品主要是天然无公害的绿色产品，但是这些农产品既没有经过专业机构的认证，也缺乏整体的品牌包装塑造，缺乏特色与个性，没有创新性地挖掘更多的人文历史、民族特色、文化典故，[②]在市场上缺乏竞争力。

---

①　周静、葛志军、马荣：《宁夏农村产业融合发展面临的问题与对策》，《安徽农业科学》2022 年第 15 期。

②　米吉提·哈得尔、杨梅：《农村产业融合发展的现实困境与改进策略》，《农业经济》2022 年第 1 期。

二、科技创新能力薄弱

(一)研发经费不足

在党的二十大报告中,再次强调了企业的科技创新主体地位。创新可以在企业遇到瓶颈时开创出新方向,也可以在经营困难时得以摆脱困境,甚至可以在竞争激烈的市场中占据不被动摇的一席之地。尽管创新对于企业的发展如此重要,但很多企业仍不愿创新,而是更愿意向同类企业汲取经验,这种情况在东北地区更为常见。研发经费和研发强度是考察一个地区经济可持续发展和创新能力的重要指标。在研发创新方面,普遍存在研发周期长、投入资金多、见效慢等问题,企业往往更倾向于短期投入便有成果,但创新往往伴随着失败。[①] 在这种高风险下,若政府和政策不能给予充足的研发经费补助,那么想要实现科技创新十分困难。

研究与试验发展(R&D)经费指报告期为实施研究与试验发展活动而实际发生的全部经费支出。在 2021 年科技经费投入中,分地区看,研究与试验发展经费投入超过千亿元的省(市)有 11 个,分别为广东(4002.2 亿元)、江苏(3438.6 亿元)、北京(2629.3 亿元)、浙江(2157.7 亿元)、山东(1944.7 亿元)、上海(1819.8 亿元)、四川(1214.5 亿元)、湖北(1160.2 亿元)、湖南(1028.9 亿元)、河南(1018.8 亿元)和安徽(1006.1 亿元)。研究与试验发展(R&D)经费投入强度超过全国平均水平的省份有 6 个,分别为北京、上海、天津、广东、江苏和浙江。

如表 5-3 所示,东北地区的科研经费投入占比均低于全国平均值,其研发强度也与经济发达省市差距巨大,在东北地区的三省一区中,辽宁省相对较高,内蒙古自治区相对较低,整体研发强度与发达地区形成巨大差距,由此可见,在东北地区的科研经费投入还需加强,才能有效地促进研发创新。

---

① 孙逊:《农村一二三产业融合发展面临的问题及对策》,《乡村科技》2020 年第 16 期。

表 5-3　2021 年各地区研究与试验发展（R&D）经费情况

地区	R&D 经费（亿元）	R&D 经费投入强度（%）
全国	27956.30	2.44
北京	2629.30	6.53
天津	574.30	3.66
河北	745.50	1.85
山西	251.90	1.12
内蒙古	190.10	0.93
辽宁	600.40	2.18
吉林	183.70	1.39
黑龙江	194.60	1.31
上海	1819.80	4.21
江苏	3438.60	2.95
浙江	2157.70	2.94
安徽	1006.10	2.34
福建	968.70	1.98
江西	502.20	1.70
山东	1944.70	2.34
河南	1018.80	1.73
湖北	1160.20	2.32
湖南	1028.90	2.23
广东	4002.20	3.22
广西	199.50	0.81
海南	47.00	0.73
重庆	603.80	2.16
四川	1214.50	2.26
贵州	180.40	0.92
云南	281.90	1.04
西藏	6.00	0.29

地区	R&D 经费（亿元）	R&D 经费投入强度（%）
陕西	700.60	2.35
甘肃	129.50	1.26
青海	26.80	0.80
宁夏	70.40	1.56
新疆	78.30	0.49

数据来源：全国科技经费投入统计公报

形成这种现象有几点原因，首先，目前的补贴政策并不完善，条件苛刻，申请手续烦琐，补贴款下发不及时等，这些因素都会使企业缺乏创新的动力。其次，创新研发投入产出比较低，投入很多资金最后没有成果的情况十分常见，其本身就是一种高风险高收益的投资。很多人不愿承担风险去谋求更长远的收益，而是更倾向于满足现状稳定经营。最后，目前我国的市场竞争体制依然不够完善，对创新成果缺乏足够的保护，仍存在抄袭创意、借鉴思路甚至非法窃取核心资料等现象。而对于一个企业来说，花费人力物力财力最后取得的成果却很可能被其他企业"替代"，这无疑会挫伤其研发的积极性。

（二）缺乏科技支撑

随着科技不断更新迭代，我国的科技水平毫无疑问对经济发展产生了重大影响，然而在农村发展中，往往缺少科技力量的支持。[1] 根据第三次全国农业普查统计公报公布的主要农业机械数据，如表5-4所示，截至2016年，全国拖拉机2690万台、耕整机513万台、旋耕机825万台、联合收获机114万台、播种机652万台、排灌动力机械1431万台。从各地区的农业机械数量可以看出，东北地区作为农业生产比重较大地区，其农业机械却没有充分发展，与其

---

[1]　王勤、王影：《乡村振兴背景下农村产业融合发展路径探究》，《北京财贸职业学院学报》2021年第4期。

他地区存在差距,这说明东北地区对科技的利用并没有达到良好水平,缺乏一定的科技支撑。

表5-4　2016年分区域主要农业机械数量

(单位:万台、万套、万艘)

类型	全国	东部地区	中部地区	西部地区	东北地区
拖拉机	2690	758	888	582	463
耕整机	513	70	163	240	40
旋耕机	825	148	183	430	65
播种机	652	108	258	126	160
排灌动力机械	1431	442	521	384	84
水稻插秧机	68	9	11	6	42
联合收获机	114	33	45	16	20
机动脱粒机	1031	134	271	600	26
饲草料加工机械	409	23	37	303	46
挤奶机	10	2	1	5	2
剪毛机	5	1	1	2	0.5
增氧机	194	125	42	23	3
果树修剪机	49	21	13	14	0.6
内陆渔用机动船	28	13	10	3	1
海洋渔用机动船	25	22	0	1	2

数据来源:第三次全国农业普查主要数据公报

　　东北地区相比于我国其他省份来说,科技力量确实较为薄弱,与互联网等相关的高新技术企业大多在南方地区发展,东北地区以农业、工业为主,对高新技术产业的接触与了解也十分有限,对互联网的使用也不够灵活,大多还是遵循传统方式运营。尤其是农村地区的网络不够发达,农业信息化落后,网络的维护费用较高,也缺乏设置宽带的基本设施,无法最高效率实现信息共享。这种慢节奏的管理和经营方式,没有很好地将电子商务、物流配送、品牌建设等方便快捷的形式利用起来,跟不上现代社会的发展进程。

三、缺乏人力资源支持

(一)人才流失严重

根据第七次全国人口普查报告,东部地区人口为 563717119 人,占 39.93%;中部地区人口为 364694362 人,占 25.83%;西部地区人口为 382852295 人,占 27.12%;东北地区人口为 98514948 人,占 6.98%。与 2010 年的第六次人口普查相比,东部地区人口所占比重上升 2.15 个百分点,中部地区人口所占比重下降 0.79 个百分点,西部地区人口所占比重上升 0.22 个百分点,东北地区人口所占比重下降 1.20 个百分点。

表 5-5 2010—2020 年各地区人口情况

地区	人口数(人)	比重(%)	
		2020 年	2010 年
全国	1411778724	100.00	100.00
北京	21893095	1.55	1.46
天津	13866009	0.98	0.97
河北	74610235	5.28	5.36
山西	34915616	2.47	2.67
内蒙古	24049155	1.70	1.84
辽宁	42591407	3.02	3.27
吉林	24073453	1.71	2.05
黑龙江	31850088	2.26	2.86
上海	24870895	1.76	1.72
江苏	84748016	6.00	5.87
浙江	64567588	4.57	4.06
安徽	61027171	4.32	4.44
福建	41540086	2.94	2.75
江西	45188635	3.20	3.33

续表

地区	人口数（人）	比重（%）	
		2020 年	2010 年
山东	101527453	7. 19	7. 15
河南	99365519	7. 04	7. 02
湖北	57752557	4. 09	4. 27
湖南	66444864	4. 71	4. 90
广东	126012510	8. 93	7. 79
广西	50126804	3. 55	3. 44
海南	10081232	0. 71	0. 65
重庆	32054159	2. 27	2. 15
四川	83674866	5. 93	6. 00
贵州	38562148	2. 73	2. 59
云南	47209277	3. 34	3. 43
西藏	3648100	0. 26	0. 22
陕西	39528999	2. 80	2. 79
甘肃	25019831	1. 77	1. 91
青海	5923957	0. 42	0. 42
宁夏	7202654	0. 51	0. 47
新疆	25852345	1. 83	1. 63
现役军人	2000000		

数据来源：第七次全国人口普查公报

如表 5-5 所示,东北地区的人口流失较为严重,许多受高等教育的人才往往更愿意去经济发达的地区发展,接受过学习培训的人才也很大可能不愿留在东北地区,难以吸引农业科技人才与互联网人才。农村发展的科技人员数量明显不足,有着较高专业素质的人才更是少之又少。一方面,农村地区的传统服务机制不灵活,信息交流不及时,①对互联网无法灵活使用,在当今互

---

① 王定祥、冉希美:《农村数字化、人力资本与农村产业融合发展——基于中国省域面板数据的经验证据》,《重庆大学学报(社会科学版)》2022 年第 2 期。

联网信息化传播的趋势下,毫无疑问会导致信息的封闭性与滞后性,这样少量的人才会因为信息不对称而无法尽职尽力,对于急需帮助的地区却无法及时给予帮助与指导。另一方面,农村地区农民科技文化素质较低,在对基本电子产品的使用上就存在一定困难。而想要在农村地区加强科技创新,不仅仅需要人们耕种养殖,更需要他们拥有能配合使用高质量务农科技的能力,与专业科技人员的交流也能较为高效。

(二)创业观念保守

创业水平的评价是多方面的,各省份新增私营企业数量可以一定程度上显示出该省份的创业水平。以东北地区的吉林省与辽宁省为例,辽宁省作为东北地区中经济发展最优的省份,与浙江省、江苏省以及山东省都存在较大差距,如表5-6所示。

表5-6　2015—2019年部分省份私营企业数量

（单位:万个）

地区	2015年	2016年	2017年	2018年	2019年
吉林省	25.8	28.4	34.3	39.6	43.2
辽宁省	53.9	59.5	69.7	79.0	88.3
浙江省	129.2	152.1	180.1	206.8	234.9
江苏省	182.2	222.9	258.6	286.8	312.0
山东省	134.3	174.9	209.7	245.2	290.4

数据来源:国家统计局

我国在世界上属于创业活跃地区,但国内各地区创业差距显著,尤其是东北地区创业水平较低。这其实很大程度上是由于东北地区的人们观念偏于保守,虽然对创业经商有初步了解,但不会把创业视为理想职业选择。大多数人仍然认为找一份稳定工作是首要选择,虽然工资相对偏低但更稳定,这就导致人们在选择工作时,往往更倾向于政府、事业单位、国企等收入偏低但更稳定的"铁饭碗",①学生在选择专业时首先考虑的是该专业是否适合考公务员,有时间也会考虑考一个教师资格证以备不时之需。

这种偏于谨慎、保守的观念无可厚非,但倘若一个地区的大多数人都抱有这种思想不愿冒险,那么这个地区的人才将很难为该地区经济发展提供足够的帮助,从而使得该地区不得不高度依赖从外省引进人才。但人才引进的流程时间长、变现效率低、人数限制高且资金不足,存在较高的局限性,该地区经济发展就会受到影响。倘若不加以外在干预,那么依靠人们自身很难在短期内改变传统观念,毫无疑问,在整个东北地区范围内,改变这种大面积覆盖的传统观念刻不容缓。

第二节 东北地区各省(区)存在的主要问题

一、黑龙江省农村产业融合问题

黑龙江省以发展农业为主,黑龙江省占据耕地面积70%以上的肥沃土地提供了自然优势,以玉米、水稻和豆类生产为主,同时也在发展畜禽、果蔬、林木、绿色产品等农副产品加工产业。②

黑龙江省虽然在粮食生产方面取得了独一无二的优势,但农副产品加工产业的发展较为缓慢,与其他地区和省份相比仍然存在较大差距,因此,黑龙江省亟须在短时间内找到问题所在,进一步促进农村产业融合。

首先,黑龙江省的各个地市农业资源开发利用不均衡,未能实现合理地集中布局农村特色优势,产业集聚效应不明显。粮食作物种植面积较大,黑龙江省的14个地级市中,超过半数的地区都在种植水稻、玉米和大豆等粮

① 张裕冬、周华、刘汉威、欧阳诗怡:《乡村振兴战略背景下农村产业融合现实困境与发展对策——以粤西地区为例》,《农村经济与科技》2022年第13期。

② 王涵:《乡村振兴战略下黑龙江省农村产业融合发展水平评价》,硕士学位论文,哈尔滨商业大学,2022年。

食作物,但很多市的资源优势并不完全在这些粮食作物,如其他产业的畜牧业和水产业基地都较为分散,没有发挥出本地的资源优势,也没有形成区块特色产业区域。

其次,黑龙江省的产品结构无法满足融合多元化的需求,①粮食类占比高达87.8%,其产量又以玉米、水稻为绝对优势,而其他产品如食用菌类、薯类、菜籽与瓜果类等种类占比过少且种植分散,产品结构单一,无法满足多元化、高品质化的市场需求,在差异化市场上存在大量空缺,无法解决农村产业融合所需要的多元化问题。

最后,黑龙江省的农村产业融合系统所需的配套设施建设较为落后。黑龙江省土地面积广阔且以农业耕地为主,农业产区分布广,运输原材料的需求较大,对运输总量有着较高的要求。同时,黑龙江省位于我国边疆,地处全国交通网络的最末端,是东北地区中交通运输距离最远的地方,航空、铁路等交通运输成本非常高。并且农村地区在道路、供水供电等方面与城镇差距较大,缺乏新型农业所需的供水处理渠道,想要完全改善还需要花费巨大的人力、财力以及物力。基础设施的不完善与高需求高成本的运输,很大程度上阻碍了黑龙江省的农村产业融合发展。

二、吉林省农村产业融合问题

吉林省是地处东北地区中部的内陆省份,在东北地区中经济总量最少,人均收入最低,高速公路通车总里程最少。其经济增速在全国排名较低,人口流失严重,研发经费和强度在全国排名都较低,居民人均可支配收入不仅远低于东部发达地区,还低于国家的平均水平,且差距在增大。②

---

① 杨艳丽:《农村产业融合发展水平评价与驱动因素研究》,博士学位论文,东北农业大学,2020年。
② 尹贺:《吉林省农村一二三产业融合发展路径研究》,硕士学位论文,吉林财经大学,2021年。

　　吉林省是国家重要的商品粮生产基地,以"黄金玉米带"和"黄金水稻带"著称,人均粮食占有量、粮食商品率、粮食调出量及玉米出口量常年居全国首位。除此之外,森林资源和林下资源也十分丰富,以矿产、水利水电和生态旅游为主要产业。但吉林省对新产业模式的探索尚有欠缺,电子商务和高新技术产业发展的推进较为缓慢,缺乏具有创新能力的企业家和人才,对市场的探索也不够充足,导致了资源的浪费和创新模式的迟滞。除此之外,吉林省属于东北地区中产业融合发展起步较晚的省份,产业融合意识淡薄,因此在管理和规划方面都缺乏经验,仍处于初期探索阶段。

　　吉林省的主要问题之一是高端人才的匮乏。人力资源是区域经济增长的重要保障,而吉林省能促进农村地区经济发展的人才流失较多。此外,农村地区居民的受教育程度也偏低,虽然近几年教育逐渐被重视,但教育的作用存在滞后性,从教育到培育出高端人才需要一个长期过程,现阶段劳动人口的平均文化水平仍然较低,更多依赖于政府对人才的引进。在政府和政策方面,资金的投入也十分有限,留在农村的高端人才多数是出于为家乡建设的情怀,在待遇和福利方面很难对人才有足够的吸引力。

三、辽宁省农村产业融合问题

　　辽宁省是我国农业大省,其设施农业占地面积已达到1119万亩,居全国第二位,特色产业面积达450万亩,有着"一县一业"示范市25个,于2016年被国家确定为农村一二三产业融合发展试点省份,总体呈现出产业链延长、功能丰富、业态多样的新态势。

　　虽然目前来看,在东北地区中,辽宁省农村产业融合发展态势比较好,但是实际上在全国范围内,辽宁省仍处于产业融合的初级阶段,依旧有许多问题需要引起重视。

　　一是产业融合的方式相对单一。开展的产业融合以"产业链延伸"的纵向融合为主,即第一产业向后、第二产业向前后、第三产业向前延伸的形式,以技术和产品融合为主,①在深度和广度方面的探索仍然不够,并且农业与其他产业的合作非常有限,没有发展出新的业态或商业模式,还未探索出适合辽宁省的最佳模式。除此之外,虽然短期内一定程度上延长了产业链,但其程度远远不够,整体产业链仍然偏短,附加值较低。例如,辽宁省在农业产品上以初级产品为主,在农产品方面的加工规模远远不及产量,无法达到一定的覆盖程度,科技水平与加工效率偏低,很多产品因来不及加工只能以基础方式流入市场,缺乏竞争力和独特性,难以形成品牌效应,无法拓宽市场。

二是对农业特色的优势挖掘不足。除农业产品外,农业可以衍生出很多其他市场,例如休闲农业、旅游文化、风土乡俗、历史与民族文化特色等,这些都可以作为当地的特色从而吸引人才及顾客市场,但实际上在这些当地特色方面挖掘不够深,没有做到特色化、差异化,缺乏一定的核心竞争力。

四、内蒙古自治区农村产业融合问题

内蒙古自治区作为东北地区面积最广的地区,位于北方的边疆,是农业畜牧产品的生产基地,地广人稀的特点为畜牧业提供了充足的自然条件,其粮食和肉类产量实现"十七连丰"和"十六连稳",有着充足多样的自然资源和广阔的农业畜牧业占地面积,是名副其实的农业大省份。

虽然自 2016 年以来,内蒙古自治区通过推进农村一二三产业融合发展的相关政策取得了一定成果,但在实现农村产业融合的过程中仍然存在诸多问题。首先,在地理方面最大的问题在于位置较为偏僻,地区过于辽阔,无论是与区外的交通还是在区内的运输都存在很大阻碍,高成本低效率的运输是内蒙古自治区在短期内难以改变的现状。此外,地形的广阔与有限的人口导致

---

① 石小亮、陈珂、何丹、吕杰:《辽宁省农村产业融合发展模式与服务支撑》,《沈阳农业大学学报(社会科学版)》2021 年第 2 期。

农业主体数量少且较为分散①,2019 年内蒙古自治区的农牧业产业化重点龙头企业共 2034 家,各类民营市场主体 193.4 万户,农民专业合作社 8.1 万户,农产品同质化、销售单一的问题较为明显,农产品加工业与农产品生产规模不对等,无法在市场上做到差异化竞争,资源利用率不高。同时,在畜牧业方面,对于产品的冷藏与保鲜措施仍然需要完善,尤其在奶制品方面能够长期有效保鲜的产品种类十分有限,非正常损耗较大,在产品流通方面的成本非常高,导致在市场上无法以价格作为优势。

内蒙古自治区在环境方面仍存在很多需要改进的地方,一方面,大量的农业与畜牧业产业会对自然环境造成损害,可能会存在资源过度利用的情况,比如畜牧业地区的植被有一定程度的破坏,这类情况需要政府加以制约以保证自然资源的可持续发展,而目前在这个方面的制度还不够健全。另一方面,内蒙古自治区农村地区的基础环保设施较为落后,缺乏环保机构,处理农业垃圾的设施与体系并不完善,水循环系统也存在一定问题,再加上群众的环保意识较差,存在农业垃圾随意排放的情况,加大了环境治理难度。

第三节　东北地区农村产业融合发展存在问题的原因分析

一、宏观原因

(一)营商环境相对经济发达地区有待提升

虽然东北地区营商环境的改善有目共睹,但是其他地区也在不断优化营商环境,尤其是经济发达地区。由张志学教授和张三保副教授等共同完成的

---

① 闫田:《内蒙古农村一二三产业融合发展综合评价及影响因素研究》,硕士学位论文,吉林大学,2022 年。

《中国省份营商环境研究报告 2020》评估了中国内地 31 个省区市的营商环境,东北地区营商环境相对发达的地区仍然有很大的提升空间,吉林省、辽宁省、黑龙江省和内蒙古自治区分别排名 20 位、21 位、22 位和 25 位。具体分析,长三角一体化、21 世纪海上丝绸之路、东部率先发展、京津冀协同发展、长江经济带发展等区域战略关联地区的营商环境高于全国均值;而中部崛起、黄河流域生态保护和高质量发展、东北振兴、西部大开发和丝绸之路经济带等区域战略关联地区的营商环境低于全国均值。东北地区的政务环境、市场环境、法律政策环境、人文环境虽然改善了很多,但是与经济发达地区相比还有差距。比如经济发达地区的政府数字化进程已经相当深入,而东北地区还需提高。

东北地区的激励机制相对来说还不够完善,这包括对人才、产业、企业等各个方面的激励。

首先在人才方面,自 2014 年以来东北地区开始出现较为明显的人口外流情况,并伴随着精英人才的流失,这需要政府主动采取措施,吸引人才内流、回流。现在的人才激励机制并不完善,一方面缺乏对人才的培训培养,反而更多依赖于从其他地区吸纳学成型人才,这种模式的弊端在于招聘人才的成本过高,并且很难吸引大量的人才来到东北地区发展,从而造成人才的缺失;另一方面,目前对于人才的福利补贴以及相应的激励制度并不完善,使得真正的精英人才无法得到与其他地区相比更高的待遇,这样不仅无法调动人才的积极性使其留下发展,还会"劝退"许多自愿回到东北地区想要帮助家乡建设的人才。

其次在产业方面,产业融合需要产业链的整合优化,无论在产业链的哪一步,都需要政府的政策引导,然而政府没有出台相应的补助计划,也没有在产业链发展中给予优惠措施。[1]

---

① 郑艳娇:《乡村振兴战略视角下山东农村产业融合发展研究》,《安徽农业科学》2022 年第 3 期。

　　针对农业结构单一、农业和农村经济效益不高等问题,农业和农村经济健康发展必须走农林牧副渔全面发展和农工商综合经营的道路。产业融合发展的根本原因在于产业之间的利益联系,只有公平合理、风险共担、互利共赢的持久运作才能带动整个行业的协调发展。目前,东北地区农村产业融合主体之间没有组成紧密协调的利益链,主体之间的合作主要是以订单等方式进行,没有组成互利共赢、利益与共的新格局。在农业企业的招商引资中缺少优惠政策,既没有提供优厚的企业招商引资的入驻条件,也没有在银行贷款和融资方面提供有效的金融供给服务,在这种情况下,想要实现产业链的整合优化十分困难。

　　最后在企业方面,给予企业的创新研发补贴仍然不够,企业本身不愿投入大量资金去研发,反而追求稳步发展循规蹈矩。激励机制的缺陷将难以促使企业进行自主创新,大多数企业仅仅是维持现状,但若想要促进农村产业融合,只遵循传统运营是很难产生效果的。产业融合本身就是一个在不同结构、不同层次的产业网中相互渗透、互相组合的过程,这个过程就是在不断试错中谋求发展的模式,它的本质就是创新。因此,这需要政府尽快改善激励机制,这样才能让产业融合逐步稳定地进行下去。

(二)农村产业融合引导力度有待提高

　　这主要体现在推广引导工作和基础设置配备两个方面。

　　从推广引导工作来看:

　　农村地区的产业融合,毫无疑问需要科技与网络的参与,然而对于大多数农民来说,科技本身就是一个全新的、未知的"新玩意",产业融合更是一个全新的名词,对此了解甚少。如果不加以推广普及,人们便不能理解这项工作,那么让人们配合并积极参与就很难实现。这需要政府先对此进行普及推广,以广播、传单、讲座等形式,让人们知道这项工作的目的与好处,这样才能不遭到反对。同时加以带动和引导,比如派遣专业人士进行讲授、熟悉设备的使用,帮助人们逐渐了解并参与进来,再根据当地情况施加奖励、激励措施,促使他们愿意参加并形成主动性。

除此之外,以合作社作为产业融合发展的主体,实际上是带动农民最多且最直接的方式。然而在合作社的发展和规划上,政府缺少对合作社统一化、规模化和专业化的服务指导,①导致很多合作社在经营上存在大量不规范的方面,降低了人们对其的信任。若政府能够做好引导,使合作社经营规范化,那么产业融合的进程可以通过合作社带动农民,从而实现整体的高效率。②

从基础设施配备来看:

与城市相比,东北地区农村的基础设施与公共服务配套设施较为落后,所需要的必备设施迟迟未能配备完整,限制了农村产业融合的发展。一方面,农村的道路、水电、交通不够便利,使农村与外部的交流存在滞后性,效率较低。尤其是在贸易型企业运输产品、原料以及人才引进方面,低效率的公共交通不仅增加了成本,还耽误了进程。③ 另一方面,互联网的使用可以大大加快各个环节的效率,但网络设施却很难在农村的家家户户配备,这需要网络线路的设计、使信号稳定的设备更新以及周期性的维修,这些基础设施的建设都还不够完善,多数设备和线路都存在老化、过时的问题,东北有些农村地区甚至还尚未配备必要的基础设施,需要政府加快配备速度。

由于东北地区的大多数基础公共设施主要由地方政府推进建设,而市场主体参与不足,使政府工作量增加的同时也容易滋生腐败。与此同时,2020—2022 年受新冠疫情的影响,我国经济出现一定程度的下滑,政府开始逐渐压缩在基础设施建设领域的投资,这无疑导致了产业融合基础设施项目的延误。

---

① 刘子怡、梅思思、吴雨露、王亦然:《乡村振兴推动农村产业融合发展探索》,《合作经济与科技》2021 年第 12 期。
② 刘婷:《农村一二三产业融合发展模式与路径研究》,《黑河学院学报》2021 年第 8 期。
③ 谢岗:《构建现代农业产业体系 推进农村产业融合发展》,《江苏农村经济》2020 年第 8 期。

二、中观原因

(一)市场环境相对经济发达地区有待改善

东北地区作为我国老工业基地的集中区域,曾经对我们国家的经济发展做出了重要贡献,尤其是在农业和工业方面。在改革开放初期,东北各省份凭借其不断积累的工业底蕴,仍然保持着相对高速的经济发展,但在进入 21 世纪后,东北地区由于其经济体制等原因,难以借助当今经济发展趋势通过产业融合迅速发展,经济不断显露出疲态。

东北地区的经济发展一直不容乐观,尤其是遭遇新冠疫情的打击后更是雪上加霜。东北地区的经济过于依赖农业与工业,能源矿产、钢铁、石油等传统产业占比很大,产业结构单一,而新兴产业如电商、互联网等仍然相对匮乏。我国正在进行供给侧结构性改革,东北地区的供给侧结构性改革较其他省份存在差距,多数企业没有专门的研发中心,生产的都是产业链低端产品,产品缺乏核心竞争力,甚至部分产业存在产能过剩的情况。[①] 东北地区的农业工业是我国不可或缺的产业,因此在不能转型的前提下,工业与农业的形式或许可以寻找一种更符合当今经济趋势的形态,改善原本留存下来的落后的思想和管制体制,与新兴产业进行一定的产业融合,加快经济发展速度。

除此之外,东北地区的研发经费与强度也比较低,难以支撑产业完成融合。政府不能出台良好的政策来扶持产业结构转型升级,就会使得东北地区始终保持较低的经济增长速度,而对比其他省份,企业的转型升级已经开始并取得一定进展,经济发展速度也在迅速提升,东北地区经济发展速度缓慢,无法吸引投资,也就不利于市场环境的改善。

---

① 马三中、刘琴华、丁秋阳:《城乡融合视域下农村产业融合发展研究》,《中国农业文摘(农业工程)》2022 年第 2 期。

（二）土地开发程度有限

东北地区的土地面积非常广阔,但实际上这些土地并未被充分使用,尤其在农村地区存在大量的闲置土地。[①] 由于青年人口的流失,农村地区存在许多闲置的房屋区,没有人住也没有拆迁,如吉林省某市,原本大量的居民区现在已经成为无人经过的废墟,而附近的土地现在也因为无人看管变成荒地。不可否认的是,经济发达的城市在逐渐向外扩张,甚至逐渐形成"六环""七环",然而在东北地区的部分农村,其整体面积却在缩小,大量的荒废土地没有被充分利用。由于缺少青年人口,土地的开垦也一直被耽搁,原本在居民区附近的山坡周围都会有每家每户自发开垦土地耕种植物,然而在人口流失严重的情况下,那些土地只能成为"大自然的土地",被野生的动植物们占有。

（三）缺乏金融支持

这主要体现在金融贷款服务和农业保险体系两个方面。

从金融贷款服务方面来看:

首先,农村地区的金融贷款种类不丰富且服务质量相对较差,一方面,虽然一些金融机构尝试创新出一些适合东北地区农村的产品,但东北地区农村可供选择的金融贷款种类依然较少,手续办理的门槛较高,信贷服务水平远远低于城市,仍然难以覆盖大多数农业经营主体的需求。[②] 另一方面,这些金融贷款对农业经营主体的要求普遍较高,它们往往要求借贷主体满足一定的资金条件或规模条件,农业设施与土地无法抵押,能够得到的贷款规模十分有限,而很多主体规模小且分散,无法达到要求,只能转向无抵押无担保的小额

---

① 李响、庞颖、蒙雅琦:《对优化广西农村产业融合发展用地政策的思考》,《南方国土资源》2020年第10期。

② 石培哲、徐学谦:《乡村振兴背景下金融科技对农村产业融合发展的影响研究》,《郑州航空工业管理学院学报》2022年第2期。

贷款,而这些小额贷款期限相对较短。金融基础设施不健全,只能短时间内缓解一部分的资金需求,融资不顺畅,资金到位慢,产业融合发展进度缓慢,不利于农村产业长期发展。

从农业保险体系方面来看:

对于农村地区的经营主体来说,最大的风险就是天灾人祸等意外情况所造成的大量损失,并且缺乏一定的"低保"收入,进而不愿意去贷款承受更大的风险,便增加了对农业保险的需求。对于以盈利为主的商业保险机构来说,若产生天灾人祸,那么就很可能造成短期内需支付大量农业主体的保险赔款,风险大且难以盈利,导致承受大量损失,因此需要提高农业保险的保险费,以保证不会负营收。但是,普通农业主体却难以支付高额的保险费,这就形成了金融贷款在金融机构与农户间的冲突,这种农业保险体系不健全的"两难境地"对于金融农业的推广是不利的,同时也难以推动农村产业融合发展。

三、微观原因

(一)企业方面

企业方面主要体现为利益结构单一和未形成品牌效应两个方面。

从利益结构单一方面来看:

合作制是产业融合中常见的联结机制,能够提高农业规模经济水平,增强农户在市场中的话语权。[①] 但我国合作组织起步不久,很多方面还不够完善。目前东北地区农村产业在农业方面的融合方式主要采用订单农业、土地流转、土地承包等模式,订单违约成本低,利益划分界限不清晰,合作并不稳定,达成可持续订单合作的可能性也很低。大多数订单只是农户方与订单方的直接签约,缺少第三方的促进与约束,一方面订单价格往往远低于市场价,压低了农

---

① 肖焰、雷雨:《龙头企业引领农村产业融合发展的现实困境及提升路径》,《中国储运》2021年第12期。

户方的利益;另一方面合同订单的单方面毁约成本也很低,若因其他因素导致市场价格波动较大,那么原本的合同订单就很可能出现违约情况,难以保障双方的利益。而现有的合作社往往也因管理不规范而难以保障农民的利益,运营机制不正规,农户方在合同订单中缺乏一定的主导地位,同时也承担着巨大的风险,没有"低保"的收益。

从未形成品牌效应方面来看:

大多数企业经营者缺乏品牌化经营发展观念,虽然对农产品进行一定的包装加工,使其在市场上获得一定竞争力,但只有少部分经营者会注册商标,体现出经营者法律意识淡薄,未看到注册商标对销售产品带来的一系列积极影响。在宣传本地农产品时,往往也不明白其核心竞争力是什么,很多时候甚至不会宣传其纯天然的优势。在东北地区的各省份其实都有其独特的特产产品,如吉林省的松茸、山菜,这些特产往往在城市中很受欢迎,但大多数城市居民没有购买渠道,也缺少了解特产的渠道,更多的是在餐厅里吃,但懒于寻找购买渠道。

(二)居民方面

居民方面的原因主要表现为人口老龄化和知识文化水平低。

根据第七次全国人口普查数据,如表5-7所示,截至2020年11月1日零点,在全国31个省份中,15—59岁人口比重在65%以上的省份有13个,在60%—65%之间的省份有15个,在60%以下的省份有3个。

表5-7　2020年各地区人口年龄构成

(单位:%)

地区	比重			
	0—14岁	15—59岁	60岁及以上	其中:65岁及以上
全国	17.95	63.35	18.70	13.50
北京	11.84	68.53	19.63	13.30

续表

地区	比重			
	0—14 岁	15—59 岁	60 岁及以上	其中:65 岁及以上
天津	13.47	64.87	21.66	14.75
河北	20.22	59.92	19.85	13.92
山西	16.35	64.72	18.92	12.90
内蒙古	14.04	66.17	19.78	13.05
辽宁	11.12	63.16	25.72	17.42
吉林	11.71	65.23	23.06	15.61
黑龙江	10.32	66.46	23.22	15.61
上海	9.80	66.82	23.38	16.28
江苏	15.21	62.95	21.84	16.20
浙江	13.45	67.86	18.70	13.27
安徽	19.24	61.96	18.79	15.01
福建	19.32	64.70	15.98	11.10
江西	21.96	61.17	16.87	11.89
山东	18.78	60.32	20.90	15.13
河南	23.14	58.79	18.08	13.49
湖北	16.31	63.26	20.42	14.59
湖南	19.52	60.60	19.88	14.81
广东	18.85	68.80	12.35	8.58
广西	23.63	59.69	16.69	12.20
海南	19.97	65.38	14.65	10.43
重庆	15.91	62.22	21.87	17.08
四川	16.10	62.19	21.71	16.93
贵州	23.97	60.65	15.38	11.56
云南	19.57	65.52	14.91	10.75
西藏	24.53	66.95	8.52	5.67
陕西	17.33	63.46	19.20	13.32
甘肃	19.40	63.57	17.03	12.58
青海	20.81	67.04	12.14	8.68
宁夏	20.38	66.09	13.52	9.62
新疆	22.46	66.26	11.28	7.76

数据来源:第七次全国人口普查公报

在我国各地区人口年龄构成的数据中,可以很明显看出东北地区65岁及以上的人口比重较大,原因之一是人们往往把东北地区的部分地区视为"养老胜地"。但这种人口老龄化对经济发展毫无疑问是不利的,想要促进经济发展实现产业融合,提高青年人口的比重非常重要。

根据我国第三次全国农业普查主要数据公报,如表5-8所示,截至2016年,全国农业生产经营人员共31422万人,其中东北地区农业生产经营人员总数2133万人。东北地区农业生产经营人员的整体受教育水平低也是关键问题之一。东北地区农业生产经营人员的学历水平以初中为主,占比高达55.0%,小学学历占比36.1%,学历水平未达到高中或中专的人数高达93%。

表5-8　2016年农业生产经营人员数量和结构

	全国	东部地区	中部地区	西部地区	东北地区
农业生产经营人员总数(万人)					
	31422	8746	9809	10734	2133
农业生产经营人员受教育程度构成(%)					
未上过学	6.4	5.3	5.7	8.7	1.9
小学	37.0	32.5	32.7	44.7	36.1
初中	48.4	52.5	52.6	39.9	55.0
高中或中专	7.1	8.5	7.9	5.4	5.6
大专及以上	1.2	1.2	1.1	1.2	1.4

数据来源:全国第三次农业普查主要数据公报

第六章　东北地区农村产业
融合发展总体思路

农村产业融合发展需要依靠相关各方来切实推进。首先要从当前的发展瓶颈着手，将难题逐个击破，才能有效解决"三农"问题，实现乡村振兴。

第一节　加强产业内和产业间的融合

党的十九大报告中首次提出"实施乡村振兴战略"，这是党中央对"三农"工作作出的一个全新战略部署，是农业农村发展到新阶段的新要求，也是全面建成小康社会决胜阶段的一项重要任务。在农业农村部举办的关于农村产业融合助推乡村振兴的发布会上，农业农村部提出必须把农村产业融合作为推动乡村振兴的根本途径。

一、加速产业内融合

（一）优化升级农村产业结构

从农业资源方面来看，我国农村地区生态环境日益恶化，资源约束不断加强，部分地区土地由于长期使用化肥农药，重金属污染严重，土地质量持续下降,粗放式的农业发展道路难以为继,必须转变农业发展方式。从农民收入方面来看,农业种植成本越来越高,而农民们一直处在农业价值链的最低端,农民们希望通过农业最初级的种养产业来增加家庭收入、实现生活富裕几乎无法实现,必须转变农业发展方式,调整农村产业结构,延长农业价值链。

农村产业融合不仅促进了农业的发展壮大,提高了农业现代化产业化水平,同时也促进了农村二三产业的发展。通过深入挖掘农业农村的生态景观、休闲观光、文化体验、健康养老等多种功能和多重价值,推动乡村资源全域化整合、多元化增值,促进农村一二三产业协调发展,实现农村资源优化配置,推进农村产业结构合理化和高级化发展。农村产业融合联通了农副产品的消费市场和生产者。只有市场需求的农副产品才是适合生产的农产品。随着农村产业融合的不断深入发展,通过"公司+农户""公司+生产基地+农户""公司+合作社+农户"等形式,在完善农民与企业利益联结机制的同时,企业能够快速地将市场上消费者的需求信息传递给农户,农户根据消费者的需求进行农产品种养加工,推动了农业供给侧结构性改革,倒逼农村产业结构的优化升级。

(二)延伸农业内部产业链

循环农业是一种很好的选择,也是农业内部产业融合的重要方式,为此需要将种植业与养殖业快速融合。这也符合乡村振兴战略二十字方针中的"生态宜居"的要求,农村在发展经济实现乡村振兴的同时,也要顺应保护生态、绿色发展的要求。东北地区农作物的种植面积较大,猪牛羊禽类的存栏数量较多,这是实现种植业与养殖业融合的基础条件,养殖业中猪牛羊等动物的粪便是种植业的有机肥料,养殖业为种植业提供有机肥料以减少化肥的使用量从而改善生态环境,同时根据交易成本理论,通过这种资源的合理配置还可以降低种植业中化肥的交易成本,使农民获得更高的收益。

（三）优化产业内融合机制

小农户经营规模较小,相比其他较大规模的经营主体,往往在实际经营中话语权比较低。而小农户式的农业生产形式却恰恰是东北地区农业生产的主要模式,在融合发展过程中,小农户的生产力提高以及规模增强,将会较好地对产业融合发展的基础起到优化作用。根据农村产业融合发展的整体战略来看,要尽可能发挥融合发展对小农户的带动作用,就要采取一系列政策措施,保障小农户应有的话语权和既得利益。一方面,根据区域内农业特色制定促进农村产业融合发展实施措施的顶层设计时,就应该坚持明确小农户经营的基础性地位;另一方面,给予小农户在政策支持、技术支持、管理培训等方面的扶持,在小农户经营生产活动与其他产业经营主体的业务产生融合发展初期,应及时与小农户负责人进行沟通,帮助有需要的小农户进行自我权益的保障。

（四）发展行业协会和产业联盟

在产业融合主体不断发展过程中,经营主体的数量将不断扩大,但是经营实力和发展动力却有不断弱化的情况。应当充分发挥行业协会的作用,将产业融合主体中的龙头企业、农民合作社进行行业划分,成立行业协会,联合相关的农业院校和科研机构成立产业联盟。通过行业协会自律、教育培训和品牌营销管理,开展抱团经营,打造联合品牌,探索共同的创新机制,从而能够更好地开拓市场,抵御市场的风险,也可以防止涉农企业乱收费、乱罚款等问题,化解和防范风险问题以及更好地稳定市场秩序。在产业融合发展中,既有优秀的龙头企业,也有辐射带动力强的合作社,根据各经营主体经营的农产品的种类按照行业进行划分,引导成立专业的行业协会和专业的产业联盟。针对行业协会产业联盟,引导优秀的企业家、高校的科研专家和专业技术人员也加入进来,对产业的整体发展进行统一规范的规划,定期举办行业内部研讨会,对行业发展进行有效的引导。同时行业协会和产业联盟也需要制订统一规范的产业发展计划,打造产业品牌,规定行业的农产品生产标准和销售统一规范,一方面统一的产品标准可以增强品牌的价值,另一方面统一规范的生产可以联合行业统一对抗市场价格的波动性。

二、加速产业间融合

通过农村一二三产业融合,可以提高农业产业科技水平和创新能力,发展高效生态的现代农业,拓展农业多功能性,促进农业可持续发展,实现乡村生态宜居。通过农村一二三产业融合,将会衍生出除核心产业之外的一些支持产业、配套产业等,从而有利于扩大乡村产业规模,带动辐射区范围内农民就业,促进农民增收致富。

(一)形成农业产业集群

农业产业集群是一种具有资源依赖性、区域空间性、产业集聚性、组织合作性、优势互补性的农业有机群落。农村产业融合是在农村一二三产业集聚的基础上,进一步有机融合形成价值链,并在价值链基础上,通过在特定地理空间上的集聚,逐步融合了管理、研发、金融等产业,形成了农业产业集群。随着农业产业集群的发展壮大,又反过来进一步促进农村产业融合规模的扩大与农村产业融合进度的加快。农村一二三产业融合强调在注重农业基础地位的前提下完成三大产业的深度融合发展,实现农业由单纯的农作物生产向农产品加工和流通及服务等领域拓展和延伸。随着农业产业集群的不断壮大,一二三产业之间联系更加密切,互联网等高新技术不断融入农业中,通过线上线下、虚拟实体有机结合等多种途径,催生了共享农业、创意农业、个人定制、农商直销等大量新业态,彻底地改变了传统的农业产业业态。同时农村产业融合也深刻地改变了农业的空间组织形态,而农业新型业态的空间组织形态不断发展壮大又会反过来推动农业产业的发展。如三产融合的田园综合体、现代农业产业园、特色小镇、共享农庄等,随着这些产业的农业空间组织形态的发展壮大,反过来推动农业产业基础的进一步夯实和农业产业现代化水平的进一步提高,实现乡村产业的全面振兴,进而推动了乡村全面振兴。

(二)挖掘农业多功能性

通过创意设计、文化植入和技术支撑,推进林区变景区、果园变公园、劳动变体验、生态变商品,推动产业融合、跨界发展。充分利用湿地公园、采摘园等林业资源,加快发展林区观光、休闲游憩等形式的森林生态旅游。挖掘资源优势,凸显村居特色,把文化资源发挥得淋漓尽致。要动员各地深入挖掘本地的历史、文化资源,把农村独具、农民认同、值得继承和弘扬的地域文化元素提炼出来,使植根乡村的本土文化成为融洽邻里关系、孕育朴实乡风、倡导现代文明的主导力量。一是保护利用实物资源。对古街、古房、古树、古物件、民俗等进行排查梳理,建立册子,深挖内涵,物尽其用;对文化资源进行全方位包装打造。二是传承非物质文化资源。系统整理非物质文化遗产项目,加大宣传力度,扩大其影响力。三是发掘历史传说资源。邀请有关人士对历史典故、传说、故事等进行研讨论证,挖掘历史人文景观,凸显乡村本土特色。

(三)发展农业新型业态

发展农业新型业态已成为做大做强农业产业的一种必然选择。当前,辽宁省"一圈一带两区"区域发展战略的实施,为构建农业新型业态提供了难得机遇,并提供了宝贵经验。一要凭借东北地区独特农业资源优势向现代观光休闲农业发展。要秉承传统特色优势重点发展城郊都市农业,借助知名农科院所的强大科技实力,着力打造彰显现代农业品质和特色的地区品牌农产品基地,抓好产业打造。二要做好二产加工。二产加工业不仅是提升产品附加值的根本手段,也是解决农村剩余劳动力的有效措施。各乡镇要加大招商引资力度发展农产品精深加工企业,鼓励社会资本因地制宜发展农产品初加工业设施,想方设法延长产业链条,拓宽市场渠道,增强市场风险抵抗能力。①

(四)加强相关产业的规划与引导

进一步推进现有产业中与农业融合度高的相关产业的发展,尤其是食品及饮料制造业、运输业、计算机服务业、餐饮业、批发零售业等,要加强规划与引导这些对农业产值增加、乡村就业促进贡献大的产业。比如加快农产品加工业的发展,增加农产品加工的种类,提高农产品加工品的质量,这就要求对农产品加工行业进行进一步规划与引导。推进农村电商的发展,当今农村电商对农村产业融合有重要作用,可有效带动农业与其他产业的高效融合,同时要加强农村网络设施的建设,为农村电商发展提供有力的基础保障,还要重视信息技术等高科技技术对农业的影响。不同地区根据实际情况发展农村旅游和休闲观光农业,例如休闲采摘和农家乐等。

第二节 促进农村、农业和农民的
全面协调发展

一、促进农村全面发展

(一)提高农村产业化水平

农村产业融合是未来的必然趋势,对未来农村发展有着至关重要的作用。因此,深入探究农村产业融合的模式、扩大生产经营的规模、寻求科学的融合方式,是加快农村产业融合进程的必要途径。农村产业融合是既独立又融合的载体,是市场需求下与农村发展的共生体,具有带动农村的发展,提高农村

---

① 钱鑫、顾金峰、程培堽、王志斌:《培育新产业新业态 推进产业融合发展》,《江苏农村经济》2020 年第 3 期。

的生产、加工等环节的作用。因此,需要发挥龙头企业的带动作用,提高农民与合作社的相互交流,从而促进农业农村发展,最终旨在促进农民增收。具体可以通过如下方式实现农村产业化水平的提高:第一,大力发展先进的科学技术,通过科学技术以农产品的深加工取代初加工,将质量和品质放在第一位,增添品牌效应,提高农产品的附加值。第二,通过政府给予龙头企业优惠政策、经济补贴以及科学技术的支持。例如,科研实验室与农业相关的学校、相关部门进行合作,增强龙头企业的科研能力、市场占有率以及技术含量。第三,增加龙头企业与其他民营企业的关联度。东北地区民营、乡镇企业数量较多,应该着重关注,紧密联系,使龙头企业的建设更进一步,充分发挥其促进农村产业化发展的作用。

(二)创新农村产业融合金融服务方式

在农村快速发展的大背景下,农村的金融服务能力明显不足,因此东北地区应加快农村金融支持体系建设、创新农村产业融合金融服务方式。

在建设农村金融支持体系时,政府要从宏观层面引领金融市场各机构主动参与产业融合发展项目。具体来说,正规金融机构要降低农业相关企业的准入门槛,适当降低贷款费率,让大部分产业融合主体能够贷款。非正规金融机构作为补充,支持小型的产业融合项目。让大型产业融合主体贷款更加便捷,保障中型主体能够准入正规金融机构大额度贷款门槛,小型主体可以低费率贷款。打破金融市场上长期由正规金融机构主导的局面,提高产业融合主体贷款议价能力。对于正规金融机构,要充分利用其指导地位,指导当地农村金融机构支持产业融合项目建设,政策性金融机构可以增加涉农贷款投放支持农村产业融合发展。设立非正规金融机构与产业融合主体组织架构,从而加强对农户等主体的支持。[①]

---

① 陈蔚、姜铁军、张艳莹、郭孔福、周向红:《乡村振兴背景下金融支持我国农村产业融合发展研究》,《新金融》2022年第7期。

在创新农村产业融合金融服务方式时,首先,构建服务农村产业链金融服务平台,将取得的农户和企业的信息与互联网平台联动,利用大数据分析企业和农户的资信,政府建立专门的监管检测窗口,加强对资金供给双方的监管,为农村产业链金融提供更加人性化的服务。其次,完善农村产业基金模式,农村产业基金的投入使用对于拓宽融资渠道、推进农村产业融合发展有着积极意义。因此,应该参照相关基金管理规定,健全农村产业基金的法规制度,优化基金平台管理制度,使农村产业基金运行平台更加透明化。建立战略性农村产业基金,健全信贷支持体系,集结农业专项资金,完善产业基金支持制度,进而提高农村产业基金支持效率。最后,完善政府指导与银行信贷支持,简化"政府+银行+保险"模式相关流程,通过开创窗口平台,实现"政银保一站式"服务。建立政府银行保险联动机制,构建风险保障平台,落实动态监测机制,根据农村产业融合主体的需求,提供精准服务与财政贴息,从而降低费率,推动农村产业融合发展。

(三)提高农村资源要素流动收益

为增加东北地区农村资源要素流动收益,可在东北地区农村中寻找农村劳动力和土地资源等要素,与外部资源要素重新组合,催生新的产业。为加快经济发展,应积极鼓励农村资源要素市场与外部资源要素市场结合。城市市场资源要素对农村经济发展具有较强的推动和刺激作用,区域不同特质资源要素应充分发挥效用,各类要素应科学有机地结合,加快形成产业新增长点,例如通过自然资源与传统文化相结合的方式打造特色小镇、田园综合体等。同时,完善物流设施,首先,根据东北地区的交通情况、电商发展情况、村落布局情况等,合理设置物流配送站点,完善农村的物流网络,为农村电商的发展做好配送服务工作,争取在每个村都设有物流配送点。其次,完善物流站点及配送过程中的内部配套设施,引进先进保存技术,除了保证农产品的新鲜之外,更要保证农产品在运输过程中不会被污染,不会发生任何变质,为市场输入健康绿色的农产品。最后,提升农产品物流运输速度。实时规划路线,设计农产品运输最适宜的路线,争取最快速度到达消费者手中。

(四)充分拓展农村的多功能性

第一,发展休闲旅游农业既是乡村振兴的重要抓手,也是实现农村一二三产业融合的主要形式,有利于促进农业增效、农民增收和农村增绿。随着经济社会的快速发展和人民消费水平的不断提高,充分发展和利用农村地区宁静优雅的环境,传播具有地方特色的农产品和富含浓郁乡土气息的村落文化,为满足人民日益增长的精神文化生活,已被提上重要日程。一方面,城镇居民对农村地区原始的风土人情、传统文化、古村古镇和优美的自然环境存在极大的好奇和向往;另一方面,乡村存在经济发展落后、基础设施建设不足以及农民收入较低的问题,农业产业链需要不断延伸,农业附加值亟待进一步提高。树立全域旅游的理念,加快中心等大城市近郊乡村旅游圈的发展,构建多种形式的乡村旅游集群。利用农村现有的休闲旅游资源等优势条件,借助政策引导,抓住机遇促进休闲旅游农业的发展。

第二,依托资源禀赋、文化历史、产业集聚等区位优势,全面发展具有浓厚的农耕文化、优美的生态环境和农业旅游结合紧密的特色小镇。围绕农业特色和田园资源,建设支撑田园综合体发展的产业体系,探索农民多元化聚居模式,深度挖掘农业生态价值。主动总结实践过程中的经验,探索出容易效仿、推广的模式方法,赋予崭新的文化内涵、属性、精神、活力和价值,完善周边配套设施以及公共服务平台,推动特色小镇和田园综合体持久发展,因地制宜地推进乡村振兴,促进农业与相关产业的融合发展。①

---

① 于霄达:《农村产业融合存在的问题及对策分析》,《广东经济》2021 年第 9 期。

二、促进农业全面发展

（一）加强农业科技推广力度

科学技术是第一生产力,东北地区在农业种植上依然较多地依靠传统的劳动力。政府应该加大科学技术的推广力度,提高种植的科技水平;定期组织农民学习最新的农业知识和农业生产技术,为农民引进新的生产设备,在组织学习过程中,解决农民以往的知识盲区和对农业生产的认识误区,教会农民农业设备的使用技巧,提高农民对科技生产的认识度和利用率。此外,东北地区多数农村地区缺少专业的农业科技人才,多数农村的生活和医疗卫生、基础设施都远落后于城市,这让农村很难留住人才,所以政府应该重视农村专业农业人才的培养,对一些文化素质高的农民进行专门、专业的培训,在掌握基本技术和种植技术后,保证每个村都有相应懂技术、会用机器设备的人指导生产。政府也要鼓励农业科技人才的引进,给予资金上和生活上补贴,让更多的专业人才可以来到农村进行服务。有专业的指导可以让农民节省种子、化肥、农药等使用,在保证产品质量的同时也保证数量,并且节约了生产的成本,提高了劳动效率。①

（二）加快培育新型农业经营主体

一般而言,有高层次的管理水平和领导能力的新型农业经营主体是发展农村三大产业融合的基础。目前,东北地区的新型农业经营主体发展较为落后,急需快速培养一批新型农业经营主体,这些主体不仅示范带动力强,而且技术装备水平也要高。第一,要拓宽和增强专业大户以及家庭农场的种植结构和经营结构,不仅要提高家庭农场的管理水平和专业化组织程度,还要提高闲置资源的再利用率,如发展农家乐、乡村旅游等。加大农产品的直销以及家

① 颜廷武:《科技创新支撑乡村产业兴旺》,《中国社会科学报》2022年7月7日。

庭农场和专业大户的产品初加工能力,加大农村产业的融合发展并且鼓励普通农户参与产业融合。第二,促进农产品加工、配送和产品营销等方面的发展,规范专业合作社的制度,加大政策倾斜,增强财政补贴,要发挥专业合作社的科技支持、风险提示等作用,鼓励农民合作社向多功能性、联动性方向发展,使农民真正实现增收致富。第三,增强龙头企业在人才方面、科技方面、管理方面、资金方面等优势,充分发挥其示范引领作用,通过拓宽产业链、农产品深加工和建立标准的农产品原料基地,促进其横向发展,这样不仅可以带动农户适度发展,还可以与农民合作社合作,实现共赢。第四,支持其他资本投入农业生产中。在相关的制度规范前提下,鼓励社会资本进入农业生产领域,在完善社会资本参与农村三大产业融合行为规制前提下,加快建设资本的服务体系,使其能够在商业化的经营领域中规模化发展。同时政府应该出台相关的扶持政策,建立相关政策体系,促进农村三大产业融合中社会资本的参与。①

(三)延伸农业产业链

在农村产业融合发展的进程中,起主导作用的是农产品加工企业。针对目前东北地区农产品精深加工能力不足、技术装备水平不高等现状,加快农产品加工业由初加工向精深加工的转变,推动产业升级应当采取以下有效措施:一是促进农产品初级加工业、精深加工业和副产物综合利用共同协调发展,提升农产品加工转化率与附加值,延长农业产业链条,促进农业"接二连三",提高价值链;二是要引导农产品加工业在科技园、产业园等园区集聚发展,壮大发展农产品加工企业,增强农产品加工业引领带动能力;三是加强农产品加工业品牌建设,促进精深加工业的转型和升级,打造具有全国影响力的知名品牌,提高市场竞争力,促使农产品加工业持续稳定发展;四是从用地用电、财税、金融、投资等方面加大对农产品加工业的政策扶持和落实力度,形成发展

---

① 郭平涛:《培育新型农业经营主体助推乡村经济振兴》,《农家参谋》2022 年第 11 期。

合力,提升其发展水平,发挥其辐射引领带动作用。

（四）发展订单农业

增加农民收入是"三农"工作的中心任务,在农村产业融合发展中,需要建立发展订单农业来建立利益联结机制。因此东北地区在产业融合发展中应大力支持发展订单农业。根据农户与龙头企业之间签订的订单,逐步建立起订单农业信用体系,完善订单签订流程、订单具体格式,建立农业法律顾问制度,所有订单合同的签订需要法律顾问审核,合同需要统一编号备案,以备后续可搜可查。将合同签订与法律政策挂钩,同时支持龙头企业为农户提供金融贷款和金融服务,以资金链的形式强化农户与订单农业主之间的利益联合模式。鼓励农业合作社、农村合作社、家庭农场等农业经营主体与农户签订保护价收购合同或者是高于市场价格收购合同,在市场价格与签订价格之间做二次利益分红。营造托管农业模式,鼓励新的经营主体提供一条龙托管服务,按照统一的种养计划,统一发放标准的农业化肥,执行统一的种植技术,统一的产品收购,统一的包装,统一的销售。①

三、促进农民全面发展

（一）增强融合主体的质量

东北地区应加强农企与农民之间的合作,构建"农企+农户"合作模式来保障农民的正常生活,要注重小农户与大企业之间的平衡,原则上侧重对小农户发展的支撑。大型农业经营主体由于自身的优势作用,在生产和发展要素上容易产生对小农户及小企业资源的挤占现象。政府可以对区域内小农户及新型农业主体进行一次较为详尽的排查,摸清辖区内各类主体实际经营情况,

---

① 陈建平:《以实施乡村振兴战略为载体 大力推动农村一二三产融合发展》,《新农村》2020年第10期。

针对具体情况对所有农业经营主体以税收、产值等指标建立科学的分类评价体系,对于大型的龙头农业经营主体实施"一企一策",对中小微型经营主体实施"一类一策",尽可能保证资源分配合理,避免资源浪费情况的发生;在农民方面,政府要加强政策宣讲力度,使农民切实认识到产业融合发展对增加农民收入的现实意义以及其与传统农村产业发展的区别,详细解读扶持政策的内容以及落实流程,鼓励更多的农户投入融合发展的大浪潮中去,共同推动东北地区农村产业融合发展。

(二)培育新型职业农民

在重视科技人才上,针对农村科技落后、人才短缺的问题,东北地区要加快建立和完善教育培训体系、管理体系,建立科研培训中心,分类型构建职业农民培育对象数据库,建立农技指导员包村联户服务制,推动进村入户指导,农技人员送科技下乡。依托农技推广体系建设、新型职业农民培育等项目资源开展农民培训,通过集中培训和现场指导相结合,加强对本地农村产业从业人员的定期培训,解决生产技术上的疑难问题,提升农民的职业技术素养和管理水平。增加农村建设人才投入,政府应正确引导地方政府,增加教育财政支出,为地方人才培养提供财政支持,充分合理利用教育资源,提高知识普及程度。加强农民自主学习的宣传教育工作,使农民从内心充分认识到知识创新的重要性,自觉努力学习掌握先进的农业技术和管理知识,促进农业农村现代化,提高农民文化素养,培养一批有文化、懂技术、有理想、有目标的新型职业农民。加大政策支持力度,增加财政支出,大力宣传农村创业的优点,鼓励和吸引各类科技人才、优秀人才和高学历人才到农村来创业。此外,还要联合农业学校举办各类培训班,培养复合型人才。这些被培养出来的复合型人才不仅要懂得农业技术,还要具有商业开发和销售能力,从而可以有效地开展农产品的商品开发、品牌化建设及后续的销售工作。

（三）促进种养大户思维转变

2018年中央一号文件指出，大力培育新型职业农民。农民从身份的象征转向一种职业名称，这是党和国家对"三农"发展的深刻认识。新型职业农民的培育首先要解放思想，改变传统观念，形成发展命运共同体观念。东北地区农村部分地区的种养大户"单干"的较多，并未形成合作的发展理念。因此，在种养大户有意愿联合的村子进行试点，村委会主要负责为种养大户合作搭建协调平台，将种养大户联合起来形成农业发展共同体，对种养的具体事宜通过协商确定，各自承担自身所能承受的工作量，尝试统一村域内种养大户的品牌并注册商标，用种养大户联合发展取得的实际成效改变存在的传统孤立发展的观念，增强其联合发展、品牌化发展的理念，在当地乡村中形成示范效应。但是，要根据各村的实际情况，合理规划种养大户的联合与分散，并重视种养大户与小农户之间的有效衔接，秉承"宜统则统，宜分则分"的原则推进经营主体发展共同体建设。思维方式的转变及专业知识的不断提升，将促进东北地区乡村本土人才振兴，进一步为推动乡村高质量发展、实现乡村全面振兴提供内在原动力。

（四）增强农民专业合作社综合能力

产业振兴要以农业农村发展的组织为依托，推进组织综合能力，进而带动更多的村民增加收入。农民专业合作社是带动农户增加收入、发展现代农业的有效组织形式。因此，只有切实增强合作社的综合能力，才能够保障持续带动农户增加收入。东北地区应当推进种养大户联合，形成农业发展共同体，种养大户之间联合构成合作社的中坚力量，种养大户相对于小农户具有一定的经济实力，因此合作社抵御风险的能力增强。合作社应秉承"应入尽入"的原则，尽可能吸收有意愿的小农户加入合作社，并注重合作社中种养大户与小农户之间的结合，构建利益共享共同体、风险共担共同体。同时，以合作社为基本载体与东北地区龙头企业或者周边大学进行对接,实现技术、管理经验等发展推动力通过合作社组织在东北地区农村基层推广。切实提升合作社作为媒介的辐射能力,在乡村范围内充分发挥示范效应。同时,推进合作社品牌建设。以合作社为主要媒介,推动农产品深加工,并且推动具有标识的品牌建设,拓宽农产品的销售渠道与产品认同,增加农产品附加值、实现品牌效益,进而引领东北地区农村一二三产业融合高质量发展,推进乡村产业振兴。

第三节　实现社会效益、经济效益、生态效益三方共赢

一、实现社会效益

在乡村振兴建设中,企业应该时刻把社会效益放在首位。农产品在生产时就具备了商品属性,企业希望以更高的价格出售,农产品同时承担着特殊的历史使命,传播产品自身所带来的思想。在处理其经济效益与社会效益时,应始终把社会效益放在首位,通过社会效益反作用于经济效益,以此来维持社会和谐发展。生产农产品企业有责任也有义务弘扬先进传统文化,传播正确思想,一定要把社会效益放在首位,令其起到带头作用,将社会效益和经济效益相结合,企业才能科学合理发展。

着力提高乡村企业的发展水平,增强先进文化的传播能力。加强乡村产业主体的思想道德建设,提倡健康的文化消费观。应从根本上加强对生产者的人文素养、道德素质的教育,通过举办各种职业道德培训班、报告会、外出学习等方式,对乡村产业的从业者以及管理人员进行诚实守信、服务社会的道德素质培训,加强从业者的职业道德素养。政府应对道德模范进行嘉奖,引导并激励更多人参与其中,在社会上形成互帮互助、乐于奉献的风气。科技日新月异,将传统文化与先进技术结合起来,通过创新发展农村的经济,创造社会效益。

二、实现经济效益

乡村振兴,产业为先,产业兴旺是解决农村一切问题的前提。东北地区要更好把握新一轮科技革命和产业变革新机遇,推动乡村振兴,为以数字经济推动乡村产业转型升级、促进城乡资源要素双向流通、延长乡村产业链条提供了方向。

推动乡村产业振兴,要在优化第一产业的基础上大力发展二三产业,实现产业融合发展。要加快物联网、云计算、大数据、人工智能在农业生产经营管理中的应用,提高农业装备、农机作业服务和农机管理的现代化水平,促进种植业、畜牧业、渔业、农产品加工业的数字化、智能化及绿色化转型升级,积极打造科技农业与智慧农业,提升农业生产效率;要积极发挥数字经济在农产品流通中的重要作用,有效应对传统农产品流通模式存在的流通环节多、损耗大、成本高等问题,用好以新一代信息技术为核心的智慧物流,有效降低产品损耗,保障产品品质;发展好农产品电子商务,有效带动农产品提质以及农民增收。

乡村产业发展面临融资慢、融资贵、融资难等问题,提升面向乡村的金融服务能力是实现乡村产业振兴的重要一环。乡村振兴战略的重要一环是为农村经济发展提供财政支持。地方政府要督导完善农村金融服务体系,要因地制宜地制定适合县域农村经济发展的细则化监管文件,在提高农村金融监管水平的同时,使农村金融机构更好地服务农村经济社会发展,尤其是为推动农村一二三产业融合发展创造良好的条件。同时政府还要牵头相关经营主体,加大财政支持力度,统筹安排涉农资金投入,鼓励社会资本参与,建立多元化的农村产业融合资金投入格局,促进农村产业融合发展。同时,还可主动向上争取项目资金支持,用于改善农村基础设施条件。

三、实现生态效益

乡村振兴战略制定了"产业兴旺、生态宜居、乡风文明、治理有效、生活富裕"的战略目标,其中"生态宜居"则是农村人居环境显著改善总体目标。村民是农村人居环境的主体,也是农村人居环境的使用者和受益者。农村人居环境整治动力和终极目标就是满足村民的需求。在人居环境整治中,可实施以下办法:一是精准施策,合理规划产业布局,对于工业和养殖业中对农村环境污染较大的企业,要远离居民点。同时还要制定严格的奖罚机制,加大环保宣传力度,让人们从思想上提高环境保护意识。二是在农村产业融合发展中,将一二三产业融合,同时将特色产业充分融入农村人居环境整治,因地制宜,推动人文等元素融入产业,发展乡土民俗创意农业。三是深入基层充分调研,广泛听取村民对人居环境整治的真实意见,结合村民的生产方式和生活习惯以及村民的现实需求和村庄的现实条件,因村制宜,发挥村庄的优势,并鼓励在村内成立环保协会,组织村民承担一定的清洁和维护任务,打扫好公共空间的环境卫生。

综合来看,需要加快与绿色健康、安全无污染产业融合,从市场需求角度出发,引导建立低碳、循环加工体系,推进农业循环经济试点示范和田园综合体试点建设;与品牌建设相融合,充分认识品牌对一个产业的带动效应,开发蕴含乡俗文化的品牌产品,提高市场竞争力。首先,提高企业进入门槛,将单纯以营利为目的的企业"拒之门外",注重环境保护与发展的持续性;其次,提高农作物种植、农产品加工的智能化水平,降低劳动强度,提高生产效率;最后,提高农产品利用率,注重副产品的充分利用、综合开发与处理,将污染、浪费降至最低。

为了保护所有有关人员的权利和利益,有关政府机关应当加强监督,保护地方自然和文化资源环境,保护当地农民的正当权利,保护农民参加的权利和尊重农民选择的权利。企业在环境和教育方面要重视社会责任,积极加强外部交流,积极学习其他省份在农村一二三产业融合发展的成功经验。通过创建良好的利益联结制度环境,实现社会效益、经济效益、生态效益三方共赢。

第七章　东北地区农村产业
融合发展基本原则

　　农村产业融合发展对我国乡村振兴战略的实现至关重要,东北地区农村产业融合发展需要按照一定的原则开展工作。符合东北地区农村产业融合发展的基本原则主要有:整合性原则、生态性原则、特色性原则和可持续性原则。如何在具体实践中发展东北地区农村产业融合,要遵循以上四条原则在具体实践过程中的理解与运用,才能通过产业融合促进和发展东北地区的乡村振兴。

第一节　整合性原则

　　整合性原则符合马克思主义关于系统性的观点,也符合中国传统文化中强调人与自然和谐共生的"天人合一"思想。在现实中,它坚持辩证唯物主义和历史唯物主义的基本立场,将马克思主义与我国的具体实际相结合,并对以往历史经验和规律进行深刻总结,进而揭示社会历史发展的根本规律和原则。因此,作为重要方法论的整合性原则,在东北地区农村产业融合发展的实践过程中具有重要意义。

一、整合性原则的概念

整合是指将一个系统内一些零散的要素有意识地整体协调、相互渗透,使各要素发挥最大的效益,从而使系统最终形成有价值有效率的整体。那么,东北地区农村产业融合的整合性原则是指将农村一二三产业看作一个完整的系统,将东北地区农村一二三产业内外资源有效整合,即把分散的资源和各种不同的方法纳入一个统一体中,体现出诸要素的合力,通过对所需的资源予以组合,以及对资源的有效配置、有序调度,使之形成整合力,保证产业融合过程中农村产业整体、健康、有序、和谐地发展,把握好农业与其他主体之间的关系,综合化地整合农村农业的各要素。

二、整合性原则的运用

我国农村产业融合相对于发达国家起步较晚,发展过程中出现了较多问题,其中的教训是在推进农村产业融合发展时,应先着重处理好农业与其他产业、农户与其他主体之间的关系。而贯彻落实整合性原则,政府应当起主导作用。因此在东北地区三产融合发展过程中,应在党和政府的领导下,多方努力,互相配合,才能形成东北地区农村产业融合欣欣向荣的局面,从而进一步推动我国三产融合的发展。

(一)整合性原则在政府方面的运用

在农村产业融合过程中,政府应是整合性原则运用中的政策制定者、参与者和管理者,应是整合各方资源和能力的宏观操控者。产业融合过程中,各方可能会为追求自身利益最大化而追逐争夺产业融合中产生的利润利益,而这将极易使自身实力薄弱的农村散户、微户、小户的利益受到严重损害,更多的利润利益会被竞争力强的大中企业掠夺,降低农民参与到产业融合中的积极性,威胁到产业融合过程中的整合性。因此,现阶段政府可从健全农村产业融合的利益联结机制建设方面入手。避免由于政府没有充分参与到产业融合中或管理的理解深度不足,使制定的政策过于笼统和概括,产业融合整合度不强,导致无法切实解决融合过程中遇到的各种问题。

(二)整合性原则在基础设施建设方面的运用

基础设施是社会经济发展的重要支撑,基础设施是农村内部与外界沟通的桥梁,基础设施是践行整合性原则的基石,同时基础设施建设水平会显著影响农村产业融合过程中农民收入增长。[①] 过去一涉及农村,多数人就会联想到落后的科技水平和服务水平,加上农业自身拥有的资源禀赋属性,使得政府与社会商业主体不愿进入,造成了农村地区基础设施建设薄弱。有关方面应积极主导农村基础设施建设这一重要的民生工程、民心工程、德政工程,不应将此缺陷变成东北农村地区产业融合发展的瓶颈。

(三)整合性原则在龙头企业方面的运用

如表7-1所示,农业农村部于2021年10月在《关于促进农业产业化龙头企业做大做强的意见》中提到,龙头企业可发挥产业融合过程的载体作用,可充当农业全产业链链主的角色,可负责打通产业各个环节,实现农村产业融合的跨区域合作,为农村产业发展开拓新空间。这充分体现出龙头企业在实践农村产业融合整合性原则中的作用,即利用市场经济的特性,整合各方资源,使其达到一加一大于二的效果。

表7-1 《农业农村部关于促进农业产业化龙头企业做大做强的意见》主要内容

明确方向,实现龙头企业高质量发展	提高龙头企业创新发展能力;提高龙头企业数字化发展能力;提高龙头企业绿色发展能力;提高龙头企业品牌发展能力;提高龙头企业融合发展能力

---

① 张林、温涛、刘渊博:《农村产业融合发展与农民收入增长:理论机理与实证判定》,《西南大学学报(社会科学版)》2020年第5期。

续表

探索模式,提升龙头企业联农带农水平	打造农民紧密参与的农业产业化联合体;探索农民共享收益的生产要素入股模式;推广农民广泛受益的农业社会化服务机制;拓宽农民多元发展的创业就业渠道
精准定位,构建龙头企业发展梯队	做强一批具有国际影响力的头部龙头企业;做优一批引领行业发展的"链主"龙头企业;做强一批具有自主创新能力的科技领军型龙头企业;做大一批联农带农紧密的区域型龙头企业
强化保障,优化龙头企业发展环境	加大政策支持;创新金融服务;强化人才培养;完善指导服务;加强典型宣传推介

资料来源:农业农村部

三、整合性原则的作用

在任何工作中,我们既要讲两点论,又要讲重点论,没有主次,不加区别,眉毛胡子一把抓,是做不好工作的。因此,通过运用矛盾分析法,遵守整合性原则可以实现城乡的居民和空间的融合;实现城乡之间的生产力和生产关系的发展;生产力在实际生产领域的产能大力发展的同时,合适的生产关系也适应了具体的生产力水平;发展和带动当地农村小型、微型经营主体,这样既可以带动三产融合发展,增速农村产业融合发展,还可以紧密联系各经营主体,使农民的法律意识增强和填补履约意识,减少违约现象的发生;带动农业从业人员和农业专业化人才为农村发展添砖加瓦;发挥了政府整合性的作用;将现代化科技、观念引入产业融合中;将企业、农户等经营主体的利益与政府制定的法律、行政法规等有机结合起来;建立起农民与企业之间的标准合同;使政府等农业监管部门对产业融合过程中的交易行为进行合理的监督管制,并对其进行约束,化解农业生产经营组织间的矛盾。

第二节　生态性原则

随着时代和科技的发展,中国社会经历着一次又一次的转型和变迁,一方面是不断提高的城市化率,另一方面是不断消亡地孕育出中华传统文化的民间土壤。在这样的社会条件下,如何在坚持整合性原则的基础上进一步发展东北地区农村产业融合显得尤为重要,而答案就是要在东北地区农村产业融合的过程中坚持生态性原则。

一、生态性原则的概念

生态性原则是指把生态系统整体保护作为基本理念,把生态文明建设作为主要载体,认清整个生态系统与其各个部分之间的联系,绝不以孤立、片面的观点看待或忽视东北地区农村的任何一个部分。该生态系统分为环境生态和文化生态。环境生态是指按照山水林田湖草沙系统保护的要求,各方统筹联动,打破区域界限,对各类生态系统实施统一保护和监管,增强生态保护的系统性、协同性。文化生态是从生态文明建设发展而来,旨在积极鼓励农村居民参与生态文明体制改革,推动体制机制向有利于统一监管的方向改变。

二、生态性原则的运用

运用生态性原则可从环境生态和文化生态两个方面入手。环境生态包括农村人居环境生态和农村自然环境生态;文化生态包括农村文化生态设施和农村文化生态层次。

(一)改善农村人居环境生态

当下东北地区农村与农村之间发展水平差异较大,农村居住环境问题的严重程度也不尽相同。一些农民生活在经济基础条件较好的城中村或城市近郊区,而另一些农民生活在发展落后、地处偏远和基础条件较差的行政村,与生活条件好的村落间的生活质量差异很大。根据中央办公厅、国务院办公厅印发的《农村人居环境整治提升五年行动方案(2021—2025年)》进行专项整治,如表7-2所示,即在基础差的农村地区,及时处理生活垃圾、厕所污秽,使达到卫生标准的厕所普及率高于 80%,建立并运行环境卫生管理制度,使农村内部拥有垃圾回收运输体系,厕所污秽基本得到处理,村容村貌显著提升,并基本建立环境卫生管理制度长效机制。

表 7-2　《农村人居环境整治提升五年行动方案》(2021—2025 年)主要内容

扎实推进农村厕所革命	逐步普及农村卫生厕所;切实提高改厕质量;加强厕所粪污无害化处理与资源化利用
加快推进农村生活污水治理	分区分类推进治理;加强农村黑臭水体治理
全面提升农村生活垃圾治理水平	健全生活垃圾收运处置体系;推进农村生活垃圾分类减量与利用
推动村容村貌整体提升	改善村庄公共环境;推进乡村绿化美化;加强乡村风貌引导
建立健全长效管护机制	持续开展村庄清洁行动;健全农村人居环境长效管护机制

资料来源:新华社

(二)改良农村自然环境生态

根据生态环境部和各省环境状况公报,可从农村地区大兴土木、修建工厂等方面入手,遏制农村地区普遍存在露天焚烧秸秆的现象,以缓解农村空气污染问题和土地污染加剧等问题;避免东北地区水资源分布时间空间上不平均,部分地区湖段、河段污染严重等现象;避免部分地区因危险废物致使耕种土地受到污染,从而避免威胁到粮食安全。

(三)建设农村文化生态设施

农村文化设施、场地和场所是开展文化活动的必要条件,是宣传先进文化的前沿阵地、是满足广大农民群众精神文化需求的前提条件。现阶段,尽管农村可能已满足人手一部智能手机,但很多地区农村文化的基础设施建设依然陈旧落后。加大农村文化事业投入资金,能够激发农民群众参与文化建设发展的主动性。可以帮助农民在纷繁复杂的网络信息中避免参与封建迷信、电信诈骗、借放高利贷等违法活动，许多传统的优秀民间文化能得以流传。

（四）提高农村文化生态层次

现阶段我国实现了农村人口脱贫，农村社会、经济、环境发展不断提升，农民的生活水平也有显著提高，随之也应提升农村文化生态层次。尽力避免腐朽落后文化麻痹农民的思想，阻碍社会进步和产业融合的步伐；尽力避免一些人利用农民尤其是留守老人文化水平不高的特点，进行邪教、迷信宣传，以便骗取存款、养老金。这种现象与我国社会主义农村文化建设的目标相违背，严重影响社会主义事业的发展，对我国农村事业发展造成了阻碍。根据中央办公厅、国务院办公厅印发的《农村人居环境整治三年行动方案》，如表 7-3 所示。可积极发挥农村居民的主体作用，发挥农村基层组织作用，建立完善村规民约，并提高农村文明健康意识，以此从村民自治机制、精神文明建设等角度提高农村文化生态层次。

表 7-3　《农村人居环境整治三年行动方案》中"发挥村民主体作用"部分内容

发挥基层组织作用	发挥好基层党组织核心作用，强化党员意识、标杆意识，带领农民群众推进移风易俗、改进生活方式、提高生活质量。健全村民自治机制，充分运用"一事一议"民主决策机制，完善农村人居环境整治项目公示制度，保障村民权益。鼓励农村集体经济组织通过依法盘活集体经营性建设用地、空闲农房及宅基地等途径，多渠道筹措资金用于农村人居环境整治，营造清洁有序、健康宜居的生产生活环境
建立完善村规民约	将农村环境卫生、古树名木保护等要求纳入村规民约；明确农民维护公共环境责任；村内公共空间整治以村民自治组织或村集体经济组织为主，主要由农民投工投劳解决，鼓励农民和村集体经济组织全程参与农村环境整治规划、建设、运营、管理
提高农村文明健康意识	把培育文明健康生活方式作为培育和践行社会主义核心价值观、开展农村精神文明建设的重要内容；发挥爱国卫生运动委员会等组织作用；提高群众文明卫生意识，营造和谐、文明的社会新风尚，使优美的生活环境、文明的生活方式成为农民内在自觉要求

资料来源：新华社

三、生态性原则的作用

中国自古以来就是以小农经济为主导的社会,东北地区一直以来是我国具有重要地位的粮食生产基地,担负着我国 14 亿人的温饱问题,守护着国家粮食安全底线。农业生产离不开农村生态质量,而农村生态质量会对我国农业总体发展和守住粮食供给安全底线产生不可忽视的影响。

因此,在实践东北地区农村产业融合的过程中要大力践行生态性原则,维护好我国东北地区农村的生态环境和文化土壤。在环境生态方面,可以尽力减少城镇化和工业化进程的负面影响。如绝大部分残留在土壤、水、大气中的化学试剂、重金属会随着循环系统传播至整个生态系统;工业用地、建设用地逐渐增多,加重农耕用地压力,加剧挑战生态承载力,这些都严重威胁生态安全。在文化生态方面,可以使农村居民意识到生态保护和守护粮食安全的重要性,提高农村居民参与农村生态环境治理积极性。农民生产生活废物、废气、废水可对环境产生不可忽视的负面影响,积极发挥村民主体作用可弥补部分农村脏乱差的短板,提升农村人居环境水平,维持生态平衡,避免资源浪费,实现产业融合过程中农村生态的良性运行和可持续发展。

第三节　特色性原则

坚持特色性原则就是在东北地区农村产业融合的过程中坚持主观和客观的统一、理论与实践的结合。在大力发展东北地区农村产业融合的同时,也要因地制宜去考察东北地区农村产业的具体情况,也就是说,要发挥东北地区农村产业的特色,应基于东北农村地区所具有的独特的自然、地理和人文资源优势,探索商业开发价值和潜力、核心技术和知识产权、适当规模的产业等特征,找出与大力发展东北地区农村产业方向相符合的特色,在特色的趋势下发挥实践的功效。

一、特色性原则概念

特色性原则是指一个事物区别于其他事物的独有特征,特色不同于特点,特色强调的是事物的个性而非共性。进一步解释,特色性是其所属事物独有的,是少数绝非多数,具有唯一性。东北地区的特色性应包含两个维度,第一个维度是特色性的广度,即所拥有的特色事物的种类;第二个维度是特色性的深度,即东北地区的特色性是否是唯一的。

评价某地区特色是否具有唯一性,要考察其核心资源是否具有本市、本省、全国乃至全球的唯一性。特色性是特色小镇的核心元素,而产业特色更是小镇特色的重中之重,不仅产业内涵要求有特色,特色化的外在建设形态也是特色小镇建设的重要目标,因此,在特色小镇的创建过程中,对硬件和软件设施的建设都要做到"一镇一风格",多维度地去展示小镇的地貌特色、历史人文特色和生态特色,建设"高颜值"小镇。与此同时,特色小镇作为文化传播的重要载体,应该基于自身的历史文化资源来塑造属于自己的独特文化并结合实际进行创新,以提升特色小镇内居民的文化认同感和归属感,吸引外来游客。

二、特色性原则的运用

(一)东北特色自然资源的运用

东北地区自然资源具有资源禀赋性,资源禀赋通常是指该地区所独有的自然资源、文化资源和地理环境等。资源禀赋是农业特色性的基础,因为相较于其他产业,农业是更加强调和依赖资源禀赋的产业。东北地区农村产业所依赖的自然资源是不可复制和不可移动的,其他农村地区若想复制东北地区的特色资源禀赋产业会付出巨额成本。资源禀赋也决定了农村产业特色产品品牌质量。如五常大米、通化葡萄酒等,农村产业特色产品是基于"原产地"

所具有的独特资源禀赋而制作生产的,不同地区也可以生产同种商品,但其原材料却大相径庭,这也造成其最终产品质量不同。

东北地区处于地广人稀的状态,东北农村态势也是如此。耕地沿着道路、铁路、飞机航线绵延数十公里,有的地方甚至村落与耕地间相隔数十公里,这经常给外地旅客带来不同的体验。广袤的东北地区自然资源丰富,土地资源、森林资源、石油矿产资源在全国均占前列,同时蕴藏着丰富的野生动植物资源。自然景观资源丰富,主要包括长白山天池、松花湖、镜泊湖、五大连池等湖泊资源,棋盘山、笔架山、千山、凤凰山等山地资源,黄海、渤海等海洋旅游资源。冰雪旅游资源极具特色,东北地区大部分区域处于中温带,山区冬季雪量大,雪期长,雪质好,适于滑雪旅游,拥有全球闻名的亚布力滑雪场、世界四大冰雪节之一的哈尔滨冰雪节以及绵延千里的林海雪原等。因此很多农村依托资源禀赋性开创具有东北特色的民宿、农家乐、避暑山庄、采摘园等致富项目。

(二)东北特色文化资源的运用

东北地区拥有独特的文化资源,是我国民俗文化不可或缺的重要组成部分。东北地区的地理位置及气候环境在很大程度上决定了该地区人们的生活方式与民俗文化。[①] 并在长期的社会实践、发展和传承后体现了多文化、多民族的特征,体现在服饰、节日、饮食、娱乐等诸多方面。早在旧石器早期,东北地区便有了人类活动的遗址,其遍布辽河、松花江流域。随着朝代推移,东北地区原住民和中原移民经过互相融合、迁徙,逐渐形成了很多分支。在此过程中,东北文化、中原文化、齐鲁文化、岭南文化和吴越文化等多种文化交融在一起互相吸收,使东北地区文化具有兼容性、包容性、开放性。在 19 世纪和 20 世纪,日俄对东北地区的建筑、语言和饮食等也产生了一定影响。

产业融合发展中便可利用东北文化的特色性。过去东北地区省级层面已

---

① 张超:《东北民俗文化的特征研究》,《开封教育学院学报》2017 年第 10 期。

有利用东北地区特色性的先例。例如,辽宁省有6处自然与文化遗产被联合国教科文组织列为世界遗产。辽宁省先后推出总计6处世界文化遗产组成的世界遗产旅游等20多条特色游线路。这些举措将历史文化遗产转化为旅游资源,对地方的经济发展和文化建设起到积极的推动作用。又如,东北三省还联手推出了以沈阳、大连、哈尔滨、长春四市组成的东北三省四市旅游线路,整合旅游文化资源,发挥各自优势,打造特色产品。而在乡村级别,可利用如满族及清代历史文化、近代史迹、历史名人、奇特景观、老工业基地历史等,结合深受海内外游客喜爱的"满汉全席""老边饺子""东北大秧歌""二人转表演"等极具东北特色的饮食文化、关东风情和民族文化加以展示。例如位于吉林市永吉县乌拉街满族镇乡村的民居,该村是传统满族聚居地,结合东北地区极寒的特点,使得该地的建筑显著区别于其他地区,吸引了大批游客。

三、特色性原则的作用

(一)提高农村居民收入

东北地区农村地区产业融合是一个非常大的工程,涉及方方面面的问题,其中首要解决的应是收入问题。农村人口流失尤其青壮年人口流失是一个长久性话题,东北地区耕地还具有一年一收的特点,每年都面临着灾害减产的威胁。剩余人口仅依靠种地提高生活和消费水平是不现实的。而遵循特色性原则,在搞农业生产的同时,搞特色农业产品、特色农业旅游等可增加可观的收入,侧面也吸引了大批年轻人回乡创新创业。

(二)凝聚农村发展精神动力

东北地区的特色性是长期沉淀的结果,是地方的象征。东北自然与东北人民融为一体形成了独特的东北文化,该文化寄托了人民的生活习惯、情感变化与信仰形成。遵守特色性原则过程中,东北文化得以反复演示和不断实施,强烈地增强了民族凝聚力并强化了民族精神,起着积极的整合与促进作用。

第四节 可持续性原则

一、可持续性原则的概念

可持续性原则是指东北地区农村地区产业融合是一项长期性工作,需要综合考虑社会、经济和环境等因素,以促进经济增长、改善社会条件和保护自然价值。具体表现为,依据环境承载量和自然恢复力的可持续资源利用:依地理与气候条件合理使用自然资源,在合理尺度下改善人对环境产生的影响;发展可持续性指标;对指标监测与评价;建立适应性管理的途径。① 可持续发展已成为世界各国普遍遵循的发展原则和战略,只有紧紧把握住可持续发展观的深刻内涵,才能建立科学的、可行的可持续的发展指标体系,并实现它的社会价值。

二、可持续性原则的运用

在东北地区农村产业融合的背景下遵守可持续性原则时,要植根于东北地区农村产业的特色性原则的基础上具体分析可持续性的方略,建立完善的指标评价体系来考察东北地区农村产业。但要完全根据指标评价体系来具体落实东北地区农村产业也是不现实的,所以在大力发挥可持续性原则的同时,更要根据当地的特色性原则,具体问题具体分析地完善东北地区农村产业的可持续性原则。而建立完善的指标评价体系要兼顾东北地区农村产业的环境、资源和经济的发展,吸纳先进生产力的结果,从而建立更具体完善的指标

---

① 廖慧怡:《基于〈里山倡议〉的乡村旅游发展途径初探——以台湾桃园地区对乡村旅游转型的需求为例》,《旅游学刊》2014 年第 6 期。

评价体系。虽然中国地大物博,但平均到个人的份额比例却很少,所以我们在具体实践过程中发展东北地区的农村产业时要合理使用东北地区农村产业的各方面资源和优势。可从医疗健康、生活环境、经济收支、产业发展、公共事务和社会治理六个层面来构建评价体系。①②

(一)医疗健康层面

农村居民作为农村地区的主体,维护其身心健康状况,是遵守可持续性原则的目标之一。往往患病率越低、医疗保障程度越高,整体居民身心健康可持续性越强。目前一些农村居民还存在着小病慢性病靠挺、大病急性病靠命、没钱治病、心理病不是病、对医疗福利政策一知半解等观念或实际困难;一个人的健康状态一般取决于心理健康和生理健康两个方面,如今农村地区留守现象、老龄化问题日益严重,这时农村人口患病率、新型农村合作医疗参保率和老龄化率等指标便能展现出农村居民的健康意识和医疗保障程度,体现出东北农村地区医疗健康层面可持续性。

(二)生活环境层面

农村地区生活环境状态可反映出农民生活条件和生活环境状态,反映了农村生活区域整体的宜居程度和可持续性。必要条件应是农民住房有保障,达到住有所居;在此基础上,生活环境的优劣对农村地区的宜居程度产生影响,居住环境越优越,表明该区域的宜居程度越高。可从农村人均可居住面积、农村卫生厕所普及率、垃圾处理率、清洁燃料利用率、标准饮用水普及率、上网率等指标体现东北农村地区生活环境层面的可持续性。

---

① Phuong T. Nguyen, Sam Wells, Nam Nguyen, "A Systemic Indicators Framework for Sustainable Rural Community Development", *Systemic Practice and Action Research*, vol.32, no.3(2019).

② Susan L. Cutter et al., "A Place-based Model for Understanding Community Resilience to Natural Disasters", *Global Environmental Change*, vol.18, no.4(2008).

（三）经济收支层面

农民经济收入与支出反映了农村地区发展现状和发展能力，是实现农村产业融合可持续性的基本条件。净收入越高，农村地区发展可持续性越强。用农村居民人均可支配净收入体现农村居民实际收入水平，居民收入水平越高则表示其经济水平越高、生活质量保障能力越高且进行扩大再生产的能力越强；其次，城乡收入比也能反映出农村地区可持续性强度，往往城乡差距越大则表示该区域发展可持续性越弱；同时收入稳定程度也能体现出可持续性，因此可用收入稳定数体现农村居民收入的稳定性，进而体现出农村地区的可持续性。

（四）产业发展层面

实现农村地区产业融合，农村产业发展是重要基础。可从各地农村合作社、村镇银行等机构的专业胜任程度体现各农村地区的经济发展状况；农村地区劳动力要素是生产要素的一环，劳动力素质水平反映地区社会经济、科学技术和文化水平，因此可用劳动年龄人口平均受教育程度来表示；在农业现代化的当代社会，采用农业机械化水平指标可体现农业专业化、规模化、标准化和集约化生产水平；耕地资源是进行农业生产的基础，耕地资源的状况关系着国家粮食安全战略，可采用人均耕地面积指标、化肥农业使用指标和水土环境污染指标进行体现。

（五）公共事务层面

通常包括基础设施与社区服务。基础设施和社区服务为生产和日常生活提供基础环境，是农村社区可持续性发展的基础条件。主要包括饮食安全、教育医疗、对外交通与沟通便捷程度。保障饮食安全是基本要求，可采用农村自来水覆盖率和食品安全率表示；教育事关农村人口的文化素质和素养，可考察教育设施布局合理状况;医疗是卫生健康的基础,采用每千人拥有执业医师数来反映农村社区的整体医疗状况;农村宽带覆盖率、客运(公交)班线通达率指标分别体现对外交流、联系的便利程度。

(六)社会治理层面

社会治理反映乡村社区的发展秩序、管理水平与社区自治状况,社会治理状况也是实现治理有效的重要体现。发展越有序、管理越有效、社区自治参与程度越高,农村可持续发展性越强。村"两委"作为重要的基层组织,其治理水平与能力,是影响治理能力现代化的重要因素之一,可采用村"两委"学历状况反映其整体水平;对于社区的治理状况,采用社会安全指数来反映治安管理水平;采用社区认同感程度反映其乡风、凝聚力状况。此外,可通过当地村民治理参与度来反映社区建设参与状况与自治水平。

三、可持续性原则的作用

可持续发展的提出是人类对以往社会活动进行深刻历史反思的结果,是人类针对现实发展状况和问题所作出的明智的抉择。遵循可持续性原则,可体现诸多作用。

(一)提升农村产业能力

东北农村地区兴旺、生活富裕是农村地区产业融合的目标,遵循可持续性原则可帮助当地大力优化产业结构,推进农村产业化经营。以黑龙江省龙江县龙兴镇和黑岗乡为例,黑岗乡通过招商引资,利用本地发达畜牧业的优势,吸引了包括飞鹤乳业等在内的知名企业前来投资建厂;龙兴镇则引进河南台前县北五味子种植项目,提供150余亩种植基地和住房、机电井等配套设施。这些措施使当地产业化发展初具规模。

（二）提高农村居民素质

农村人口的素质状况会制约产业发展。农村人口的思想相对保守、接受新事物慢、创新能力弱、文化水平普遍低于城市人口、专业技术能力缺失等问题会使农村经济发展转型慢，不利于农村经济可持续发展，而通过社会治理、公共事务参与等方式可改善这一现状。

（三）促进农村经济发展

传统农业的低效率严重制约农村经济的发展，产业融合过程中大力发展和引进的先进农业科技可以调动农业科技研究积极性，加快科学技术成果的转化和推广，解决过去依靠开垦耕地等传统手段增加产值带来的问题。另一方面，政府优惠政策的发布、公共设施的建设、农村教育水平的提升、农村居民素质的提高等措施也可促进农村经济发展。

第八章　东北地区农村产业
融合发展具体措施

第一节　引导一二三产业的深度融合

为加快形成产业链条完整、功能多样、业态丰富、利益联结紧密的产业融合发展新格局,让东北地区农村一二三产业在融合发展中同步升级、同步增值、同步受益,提升产业融合层次,丰富产业融合模式亟须提上日程。

一、延展一二三产业链条

(一)延伸农产品产业链的长度

目前东北地区农产品原料的利用率低,难以满足人民日益增长的物质需求,需要通过加大加工研发力度来推动农产品的生产。一方面,严格把关农产品种子选育和原料种植,保证农业初级产品的高质量。按照农产品加工类型的不同对加工厂进行分类,在农产品的"专"和"精"上下功夫,通过专业生产、精加工提高农产品附加值。另一方面,设置专门农产品研发中心对农产品的深加工进行创新性研究,实现农产品加工从原料到初级产品再到高技术含量产品的农业产业链,让农产品的产业链延伸至一二三产业各个环节,满足接触农产品的各个企业的利益需求。①

（二）拓展产业链宽度

积极发挥每条产业链在农产品种产销过程中的作用。例如，在农产品选育和种植过程中，推广先进农业生产技术运用，促进农业产前生产和研发企业的发展。② 此外，政府积极引导农产品市场化、联网化，建立农产品交易公共平台，打通线上线下交易，降低交易成本，拓宽农产品交易渠道。同时，进行有效投入，注重质量与速度并进，优化农业要素，拓展产业功能，引导产品深加工、贸易流通，开拓城乡农产品服务市场。③

二、重视产业横向融合

东北地区要大力发展智慧农业，加快实现农业生产智能化、农业经营网络化，形成智慧农业产业体系，全面提升农业智慧化水平，为乡村振兴提供新动能。先进的科学技术对农村产业融合有重要的推动作用，智慧农业对提高农业效率、保障食品安全、实现农产品优质优价有着重要的作用。

要推进农业与其他产业之间的横向融合，首先应当积极探索产业支撑融合模式，把新技术、新模式引入农业，使农业向教育、医疗、养老、微生物、太空等领域"进军"，鼓励发展分子农业、娱乐农业、观赏农业、养生农业、养老农业等新兴产业，使农业产业链在延伸的基础上不断拓宽，农产品的附加值从横、纵两个维度得到不断提升。其次，大力发展农业电子商务，加大"互联网+"、"云计算"、物联网等技术在农业领域的渗透力度，整合各地区农业数据，打造农业农村大数据平台，推进数据资源的收集工作，致力于建设智慧农业数据

---

① 万坚、蒋莉莉:《农村产业融合发展存在的问题及对策》，《理论与当代》2021 年第 5 期。

② 黄曙霞:《促进三产融合　助力产业振兴》，《山东农业工程学院学报》2022 年第 9 期。

③ 詹有为、周航、王二威:《珠海市特色农业全产业链发展对策研究》，《特区经济》2022 年第 1 期。

库,同时实现农业智能化生产与农产品营销方式的创新。[①]

第二节　协调相关部门利益

东北地区农村产业融合发展需要协调相关部门利益,这就需要政府政策引导与财政支持,并进行机制创新。

一、优化农村产业融合的基层治理机制

治理有效就是创新农村社会治理方式,强化党建引领,夯实基层政权,建设一个和谐有序的社会。通过农村产业融合,乡村产业组织大量涌现,并发挥越来越好的作用。新型的产业组织关系将塑造出新型的治理关系,进一步形成良好的治理环境和人际关系,从而为构建一个高执行力的农村基层治理架构提供条件。东北地区农村产业融合的基层治理优化机制主要体现在以下两个方面。

(一)强化党建引领

东北地区的新型农业经营主体初具规模,其中以种养大户、家庭农场、农业龙头企业、农民专业合作社为主。以农民专业合作社为例,由于合作社中人口众多且文化素质水平偏低,事务繁杂,为了对合作社进行合理有效的管理,促进合作社持续发展,合作社中一些具有党员身份且文化素质相对较高的农民,通过在合作社中成立党组织来加强对合作社中农民的管理教育,不断地提高农民的科学文化素养和道德品质。由于农民们文化素养、道德品质的提高,他们在遵守合作社相关规定的基础上也会自觉地遵守当地的村规民约,维护公序良俗,实现法治、自治、德治"三治"结合。改变了以往无序混乱的局面,

---

① 谢佳源、李明宇:《乡村振兴战略与产业多元化发展道路研究——以广西贺州市白山村为例》,《产业创新研究》2022年第13期。

强化了党建引领。同时,由于是村民自我组建的党支部,合作社内的事情村民都是十分了解的,这就提高了村民的知情权、参与权,实现了村民的自我教育、自我管理,促进了社会的有效治理。

(二)夯实基层政权

发展壮大村级集体经济,是促进农村产业良性发展、提高农民收入的重要方式,是支撑农村公共基础设施建设、提升基层党组织凝聚力和战斗力的有效途径。目前,在东北地区很多乡村通过引导农民挖掘集体土地、房屋、设施等资源和资产潜力,依法通过股份制、合作制、股份合作制、租赁等形式参与到农村旅游、体育、康养、农事体验等产业中,积极推进农村产业融合发展。在此过程中村级集体经济将会不断发展壮大,随着村级集体经济的发展,村政府就有了一个稳定的经济基础,领导能力、组织能力、社会号召力就会大大增强。同时,随着村级集体经济的发展壮大又会倒逼村"两委"班子进行改革,创新基层管理体制机制。过去由于保守和小农意识根深蒂固,村"两委"班子中普遍存在"靠山吃山、靠水吃水,没山没水吃救济"的陈旧观念,并且村"两委"班子缺乏资产管理经营意识,在村级资金、固定资产投资使用上没有建立完善的制度,存在很大的随意性。而随着村级集体经济的不断发展壮大,为了更好地管理发展集体经济,村"两委"班子必须在思想观念、管理方式上做出改变,提升管理水平。[①]

二、加大政府政策引导与财政支持

农村产业融合是推进乡村振兴的有效方式,东北地区农村各地的政府都应当对农村产业融合予以重视,建立相应的领导班子,引导农村产业融合发展。同时,加大财政支持力度,统筹安排涉农资金投入,鼓励社会资本参与,建立多元化的农村产业融合资金投入格局,促进农村产业融合发展。

---

① 刘佳明:《农村产业融合推动乡村振兴的机制与途径研究》,硕士学位论文,浙江海洋大学,2019年。

（一）适当放宽土地政策

在土地政策方面,东北地区应该适当放宽对土地运用的政策,在不影响其他农民利益的情况下,为符合发展规律的经营主体提供经营土地,以此来鼓励产业融合的发展,缓解用地难题,避免在产业融合过程中出现无地可用的现象。

（二）加大对农村产业融合的财政支持

政府应该在财政扶持方面适当加大力度,主要用于农村产业融合的基础设施建设。乡村振兴战略内容之一就是为农村经济发展提供财政支持,应抓住机会,适当发展农业,争取中央的资金支持。还应成立专门的产业基金,实行专款专用的合理制度,并设立专业机构对其专款进行监督和治理,致力于为在农村产业融合发展过程中出现的新业态、新产品提供融资服务支持。同时对农业新业态实行税收优惠政策,积极进行减税降费,减轻起步阶段面临的资金压力。建立农村财产评估机构,拓展贷款抵押范围,增加贷款抵押业务,从本质上落实完善农村的信贷抵押担保政策,为农民拓宽融资渠道,增加融资金额,保证农村产业融合发展中的关键环节和重点区域有足够的资金支撑。[①]

三、建立紧密的利益联动机制

农村产业融合发展的最终目的是让农民受益,提高农民的收入,而东北地区农村产业融合的联结机制过于松散,部分还停留在简单的雇主订单关系阶段。产业融合联结制度要在保障农民利益的基础上创新合作方式,在新的农村经营主体之间以及农民之间形成利益共赢、风险共担的利益体,最终保证农民的主体地位。

---

① 余涛、郭军:《金融支持农村产业融合的机理、问题与对策研究》,《中国物价》2020 年第7 期。

（一）建立股份合作型利益联结模式

目前东北地区正在开展产权制度改革,将村民转换为股民,计算农村土地现有的市场价格,依靠农业土地资源入户。同时建议通过灵活可靠的利益联结形式实现龙头企业和农民之间的双向入股,比如农民可以通过土地、劳动、资金、专业技术等资源入股企业,同时企业也可以以品牌、资金、技术入股领办专业合作社。完善利润二次分配机制,建立"保底收成+股份分红"的模式在合作社和龙头企业中推广。同时,利用自身的资金和技术优势与周边村探讨村企合作的经营模式,领办合作社,建立生态养殖棚,促进村集体和村民增收。

（二）建立产销联动型利益联结模式

在农产品销售中批发商、零售商、大型超市或者大型农贸市场、交易平台等机构与农户之间达成双向合作,倡导批发商、零售商、农民组建规范化、标准化生产基地,成立产业联盟或者是大型连锁超市会员,建立"农超对接"的利益联结模式。围绕农产品,建立农产品销售推广新型的利益联结模式,探讨形成新型的产销利益共同体。促进推动行业协会和产业联盟根据自身的产品特点,与更多的行业批发零售终端签订合同,实现农产品直接进入用户餐桌的模式,减少第三方接触的终端销售模式。同时,利用这种专业化、标准化的生产基地,吸引更大的超市、电商平台和大城市的农贸市场直接合作,形成"水果配送""农产品驿站"服务等模式。

（三）强化链式利益联结模式

产业融合经营主体在农产品的生产、销售、物流运输方面具有强大的信息功能体系,通过强化整合这些价值链、信息链、物流链等各种生产要素在各个环节中的利益主体,建立农业生产技术开发、农产品统一的生产标准、农产品规范的生产销售体系,促进横向、纵向产业联盟。推广农学结合的研究合作模式,培育以企业为主导的农村技术产业联盟,科研人员的科技分享产业融合机制。①

四、保障主体利益联结机制

(一)重视利益联结的重要性

理解利益联结的各个阶段,理解各个阶段的特性,根据实际情况促进产业融合的发展。根据新环境,所有的商业实体都必须尽量适应自我发展;面对新的背景,所有的利益相关者都必须积极响应各种挑战;结合新系统,每个利益共同体重视规模效应的同时,还要注意团体概念的认同性,为利益相关者的稳定而努力。

(二)建立与农民共享的利益机制

首先,要加大宣传,提高农民的意识,提高农民参与农业融合发展的热情和主动性。从农户的角度,可以提高农民收入、改善生活环境实现产业融合发展。在东北地区农村产业融合发展的过程中,要避免企业和农民形成简单的资本雇佣关系,鼓励农民参与到技术入股、土地共享等各种形式的发展中。

(三)创建良好的利益联结制度环境

为了保护所有有关人员的权利和利益,有关政府机关应当加强监督,保护地方自然和文化资源环境,保护当地农民的正当权利,保护农民参加的权利和尊重农民选择的权利。企业在环境和教育方面重视社会责任,积极加强外部交流,积极学习其他省份在农村一二三产业融合发展中的成功经验。

---

① 陈慈、龚晶、周中仁:《农村产业融合中利益联结机制的差别化构建研究》,《农业经济》2021 年第 3 期。

第三节　加强人才培养

东北地区农村一二三产业融合发展要注重人才培育与人才引进相结合，秉承"培育为主，引进为辅"的原则。

一、注重人才培养和引进

"育天下之英才，解民生之多艰"，农业企业要发展关键是人才，东北地区应充分理解乡村振兴战略对人才的重视，注重加强对新型科学技术人员、复合型和创新型人才的培养，将其投入产业融合的工作中去。

政府通过创业、就业补贴以及免费的创业、就业指导培训等手段吸引外出劳动力回乡，让在外村民将外界新知识汇入农村产业融合发展中，让这些人才成为产业融合发展的源头活水，带动产业融合的快速发展。一是加强与高校之间的合作，引进校内旅游管理型和农业生产技术型人才，提高经营管理水平。二是不断提升乡村产业融合发展项目经营者的综合素质。建立研修班对项目经营者进行培训，树立诚信经营、可持续发展的经营理念，根据市场的需求采取多种方式加快经营者的综合性专业能力，提升业务素质。根据融合项目制订合理的人才培养方案，开设相关专业及课程，建立懂技术、跨领域以及会经营的复合型人才培养机制，组织乡镇领导以及从业人员参与差异化的分类培训，提升行业内整体员工的综合素质。此外，政府还应该加大政策扶持的力度，增加财政支出，大力宣传农村创业的可行性和有利性，鼓励和吸引各类科学技术人员、高学历人员、优秀人才等到农村创业。[1]

---

[1]　孙路亮、杨立志：《农村产业融合中复合型人才短缺问题研究》，《山西经济管理干部学院学报》2022 年第 2 期。

二、重视治理创新

治国经邦，人才为急。乡村精英是乡村社会发展不容忽视的重要力量，作为村民自治的主体，乡村精英是推动乡村社会民主发展及新农村建设的中流砥柱。由于受城乡二元结构的影响，农村在基础设施建设、公共服务能力建设以及其他众多方面都明显滞后于城市，越来越多的乡村劳动力被城市吸引，向外流动，造成乡村社会后备精英紧缺，甚至出现"空心村"现象。发展乡村经济，留住乡村精英，吸引城市精英，成为乡村治理有效的关键。

通过农村一二三产业融合，乡村产业得到全面振兴，乡村就业岗位增多，公共基础设施完善，生活环境优美。乡村将成为未来中国经济发展新的增长点。在此种情况下，必定越来越多的乡村人才回归农村，乡村有效治理就有了人才的保障。坚持法治、自治、德治相统一的原则：一是发挥好村级党组织的作用。实施乡村振兴战略，要与村级党支部建设融合起来，大力推动组织振兴，村干部、党员要在乡村振兴中担当先锋队的引领作用。二是发挥好乡贤的作用。市里成立乡贤理事会，由德高望重的老党员、老干部、老模范组成，动员乡贤人士参与乡村治理，发挥乡贤在乡村治理中的正向作用。三是发挥好各类人才的作用。要构建"政府主导、村民参与"机制，引导村民以主人翁的心态和担当参与乡村振兴，激活村民的首创精神和内生动力，增强获得感，自觉支持和参与乡村建设。

三、培养新型职业农民

要适应现代农业发展的新要求，依托培训载体，全方位提升农民素质，着力培育一批有文化、善经营、会管理的新型职业农民。东北地区落实人才引进政策，鼓励农业科技人员和大中专毕业生到农业产业融合企业、农民合作社、家庭农场创业就业，整体提升农业现代化水平。依托现代农业产业园区、农民专业合作社、龙头企业，建立现代职业农民定点培训制度，开设培训基地，通过定期开展新型职业农民培训,通过邀请家庭农场负责人、优秀的专业合作社管理者、网店经营管理者进行实地授课、参观考察等形式,对农民进行全方位培养。建立政府帮扶补贴制度,优先支持培育对象在产业融合项目的资金补贴力度。推广农业科学技术与生产一线相结合,鼓励专家学者与新型产业融合主体的对接,实现专家学者担任农村产业融合经营主体的顾问,为其发展提供具体的指导意见。

鼓励新型职业农民的培育工作,加大对农村建设专业人才的输入、培养工作,政府要对地方进行正确的引导,增加教育方面的财政支出,为地方培养人才提供强有力的资金支持,充分合理利用教育资源,增强知识的普及性。同时,加强农民自主学习的宣传教育工作,让农民从心里充分意识到知识的重要性,自愿努力学习,并掌握先进的农业技术以及可以助力农业农村现代化尽快实现的管理知识,提高他们的文化素养,培育出一批有文化、懂技术、有理想、有目标的新型职业农民。

第四节　深化区域合作

东北地区在地理、历史、文化和社会等方面有着许多共同点,在农村产业融合发展过程中可以深化区域合作。

一、发挥域内龙头带动作用

要充分认识到农业龙头企业在农业增效、农村繁荣、农民富裕中不可或缺的作用,要进一步提高和深化对加快龙头企业发展的重要性、必要性和紧迫性的认识,给现有龙头企业一个更好的发展环境,让它们整合资源,集中精力,打造一批全国知名的农产品品牌。同时,以现有龙头农产品加工企业为起点,推动农产品加工企业大力发展精深加工,整合农产品加工企业现有资源,打造一批具有高水平创新能力和较强辐射带动能力的农产品加工企业。①

促进农产品龙头企业的产业集聚，发挥集聚效应。鼓励发展龙头企业，可以通过对已有的农产品加工企业进行收购、兼并等多种形式的重组，成立大型农产品加工集团。整合农产品生产要素，增强龙头企业品牌背书，用龙头企业的资本和信誉助力第一产业发展，第一产业反馈加工企业以高品质的生产原料，最终借由第三产业高品质的服务搭建产品销售平台，实现产品和客户的零距离链接。同时，龙头企业要注重创新，不能一味模仿，要结合当地实际状况，发展自身特色，才能在产业融合发展中站稳脚跟，更好地起到带动作用。此外，地方政府要大力支持产业融合示范园的建立，形成产业融合的同盟体，不断挖掘农业多种功能，促进农产品与当地民俗文化、休闲旅游等新兴农业产业链相契合。②

吉林省农嫂食品有限公司是一家具有种植、生产、加工、制造、研发、销售等多方位的农业产业链延伸型融合的企业，因地处"中国玉米之乡"的吉林省公主岭市，具有丰厚的地理资源优势，该公司主要围绕生产真空保鲜甜糯玉米穗、玉米段、玉米粒、玉米浆以及相关玉米加工产业，同时经营预包装食品批发、零售；罐头食品、米面制品、方便食品、速冻食品、果蔬饮品、食品添加剂制造以及粮食生产、加工、收购等多项业务。2021年，农嫂食品有限公司鲜糯玉米产量1.2亿穗，总产值2.6亿元，销售量、销售额全国第一，现已经成为全国范围内规模最大的真空保鲜甜糯玉米生产企业，是吉林省重点农业产业加工龙头企业之一。为了让农嫂食品有限公司更好地在域内发挥龙头企业的带动作用，首先是引导农产品加工企业集中优势生产领域，实现龙头企业与加工原料基地的有效对接；通过完善产业链、产品链和价值链，实现农产品的多元化

---

① 肖焰、雷雨：《龙头企业引领农村产业融合发展的现实困境及提升路径》，《中国储运》2021年第12期。

② 黄漫漫：《乡村振兴视域下我国农村一二三产业融合发展研究》，硕士学位论文，福建农林大学，2019年。

转型和增值,打造一批具有竞争优势的企业。其次是对农产品加工企业给予金融支持。龙头农产品加工企业需要充足的贷款资金作为农产品生产基地建设、创新发展和推广更安全、更优质、高效、无污染的农产品技术改造项目的保证,应优先考虑符合条件的项目。政府应发挥农产品加工企业与银行之间的协调作用,评估农产品加工企业的信誉,简化高信誉企业的贷款审批程序,为企业贷款担保提供帮助,及时发放贷款,为农产品加工企业的发展提供资金保障。

二、促进区域间协调发展

农村产业融合是一个关于农业发展的整体性策略,各地区在产业发展中很难做到自成一体、面面俱到。加快形成区域协调互动机制,深化区域合作,为各地充分发挥自身的比较优势、促进生产要素合理流动和优化配置,进而缩小区域发展差距、增强区域发展的协调性提供组织和机制保障,是推动科学发展、和谐发展、加快农业农村现代化进程的一项重大任务。

因此,东北地区在农村产业融合发展中应当重视区域间的协调发展,加强省内各地之间经济联系,避免重复建设和同质化发展的问题。一是要改变农村产业融合发展中的替代关系,加强乡村与乡村之间的合作交流,形成农村经济发展的互补关系,以此建立区域间优势互补、良性互动的发展机制。二是在制定农业发展规划时要注重整体性原则,把握好区域之间发展的差异性,突出区域的发展优势,利用其他区域的优势补足自身发展的缺陷,实现区域内各村之间相互配合发展,区域间协调发展的良好态势。三是鼓励形成区域间产业联盟,使区域的农业产业发展融入整体的产业链中,打造现代农业全产业链的发展格局。此外,还要健全区域性协调机制,在现有区域合作组织的基础上,完善区域合作的政策协调机制、利益协调机制、争议解决机制和广泛参与机制。

结　语

东北地区是我国重要的粮食生产基地,其农村人口比例相对于经济发达地区较高,东北地区在农村产业融合发展过程中取得了一定的成绩,也形成了一些典型模式的案例。

但是东北地区在农村产业融合发展过程中既有共性问题也有个性问题。共性的问题主要表现为:市场导向作用发挥不充分;科技创新能力薄弱;缺乏人力资源支持等。究其原因,从宏观的政府方面来看主要在于政策制度不完善和引导力度不够。从中观的产业方面来看主要原因在于市场环境有待改善、土地开发程度有限、缺乏金融支持。从微观的企业和居民方面来看,企业的原因在于利益结构单一和未形成品牌效应;居民方面的原因在于东北地区的人文环境特点、人口老龄化以及知识文化水平有限。

针对这些问题及其原因,借鉴国内外成功经验,东北地区农村产业融合发展总体思路为加强产业内和产业间的融合;促进农村、农业和农民的全面协调发展;实现社会效益、经济效益、生态效益三方共赢;按照整合性、生态性、特色性和可持续性四个原则进行农村产业融合发展。东北地区农村产业融合的具体措施包括四个方面:引导一二三产业的深度融合、协调相关部门利益、加强人才培养、深化区域合作。

在乡村振兴和东北老工业基地振兴的国家战略下,东北地区农村将迎来发展新的契机,未来将成为东北振兴和中国式现代化的重要表现形式。

参 考 文 献

期刊:

[1]卜令蛟、李琳:《黑龙江省城镇化与生态环境协调发展研究》,《合作经济与科技》2021年第9期。

[2]陈慈、龚晶、周中仁:《农村产业融合中利益联结机制的差别化构建研究》,《农业经济》2021年第3期。

[3]陈建平:《以实施乡村振兴战略为载体　大力推动农村一二三产融合发展》,《新农村》2020年第10期。

[4]陈蔚、姜铁军、张艳莹、郭孔福、周向红:《乡村振兴背景下金融支持我国农村产业融合发展研究》,《新金融》2022年第7期。

[5]盖志毅:《从扶贫攻坚到乡村振兴:超越与升华》,《内蒙古农业大学学报(社会科学版)》2022年第10期。

[6]郭平涛:《培育新型农业经营主体助推乡村经济振兴》,《农家参谋》2022年第11期。

[7]国家发展改革委宏观院和农经司课题组:《推进我国农村一二三产业融合发展问题研究》,《经济研究参考》2016年第4期。

[8]韩民春、袁瀚坤:《生产性服务业与制造业融合对制造业升级的影响研究——基于跨国面板的分析》,《经济问题探索》2020年第12期。

［9］Han S.C.,Han Y.,"IT Convergence with Traditional Industries and Short-TermResearch and Development Strategy in Korea",*Intelligent Automation & Soft-Computing*,vol.20,no.1(2014).

［10］黄曙霞:《促进三产融合　助力产业振兴》,《山东农业工程学院学报》2022年第9期。

［11］冀潘渝、杨智:《精准扶贫与乡村振兴内在关系研究综述》,《甘肃农业》2020年第8期。

［12］科技智囊研究小组:《日本"六次产业"对我国农业融合发展的启示》,《科技智囊》2016年第7期。

［13］李川、漆雁斌、邓鑫:《从脱贫攻坚到乡村振兴:演变历程、衔接机制与振兴路径——以凉山彝族自治州为例》,《科技导报》2021年第23期。

［14］李响、庞颖、蒙雅琦:《对优化广西农村产业融合发展用地政策的思考》,《南方国土资源》2020年第10期。

［15］李芸、陈俊红、陈慈:《北京市农业产业融合评价指数研究》,《农业现代化研究》2017年第2期。

［16］李治、王一杰、胡志全:《农村一、二、三产业融合评价体系的构建与评价——以北京市为例》,《中国农业资源与区划》2019年第11期。

［17］廖慧怡:《基于〈里山倡议〉的乡村旅游发展途径初探——以台湾桃园地区对乡村旅游转型的需求为例》,《旅游学刊》2014年第6期。

［18］岭言:《"产业融合发展"——美国新经济的活力之源》,《工厂管理》2001年第3期。

［19］刘军凯:《乡村振兴战略实施背景下农村产业融合发展探索》,《农家参谋》2022年第6期。

［20］刘升:《精准扶贫对乡村振兴的促进机制研究》,《河北北方学院学报(社会科学版)》2019年第4期。

［21］刘婷:《农村一二三产业融合发展模式与路径研究》,《黑河学院学

报》2021 年第 8 期。

[22]刘子怡、梅思思、吴雨露、王亦然:《乡村振兴推动农村产业融合发展探索》,《合作经济与科技》2021 年第 12 期。

[23]马三中、刘琴华、丁秋阳:《城乡融合视域下农村产业融合发展研究》,《中国农业文摘—农业工程》2022 年第 2 期。

[24]米吉提·哈得尔、杨梅:《农村产业融合发展的现实困境与改进策略》,《农业经济》2022 年第 1 期。

[25]苗苏皖、许倩倩、刘广琪、濮阳莉君、朱峻珲、曹玲玲:《新型农业经营主体推动农村产业融合发展的效应分析——以宿迁市为例》,《内蒙古科技与经济》2020 年第 7 期。

[26]Phuong T. Nguyen, Sam Wells, Nam Nguyen, "A Systemic Indicators Framework for Sustainable Rural Community Development", *Systemic Practice and Action Research*, vol.32, no.3(2019).

[27]钱鑫、顾金峰、程培堙、王志斌:《培育新产业新业态　推进产业融合发展》,《江苏农村经济》2020 年第 3 期。

[28]秦中春:《实施乡村振兴战略的意义与重点》,《新经济导刊》2017 年第 12 期。

[29]茹莉:《乡村振兴战略下江西农村产业融合发展研究》,《宜春学院学报》2021 年第 11 期。

[30]Rosenberg N., "Technological change in the machine tool industry, 1840-1910", *The Journal of Economic History*, vol.23(1963).

[31]Sandra V., Juan R., "Servitization of Business: Adding Value by Adding-Services", *European Management Journal*, vol.6, no.4(1988).

[32]申云、王锐、张海兵、刘艳:《县域农村产业融合发展与城乡收入差距变迁》,《西南大学学报(社会科学版)》2022 年第 5 期。

[33]石培哲、徐学谦:《乡村振兴背景下金融科技对农村产业融合发展的

影响研究》,《郑州航空工业管理学院学报》2022 年第 2 期。

[34]石小亮、陈珂、何丹、吕杰:《辽宁省农村产业融合发展模式与服务支撑》,《沈阳农业大学学报(社会科学版)》2021 年第 2 期。

[35]Stieglitz N., "Digital Dynamics and Types of Industry Convergence: The Evolution of the Handheld Computers Market", *The Industrial Dynamics of the New Digital Economy*, vol.2(2003), pp.179-208.

[36]孙路亮、杨立志:《农村产业融合中复合型人才短缺问题研究》,《山西经济管理干部学院学报》2022 年第 2 期。

[37]孙逊:《农村一二三产业融合发展面临的问题及对策》,《乡村科技》2020 年第 16 期。

[38]Susan L. Cutter et al., "A Place-based Model for Understanding Community Resilience to Natural Disasters", *Global Environmental Change*, vol.18, no.4 (2008).

[39]王定祥、冉希美:《农村数字化、人力资本与农村产业融合发展——基于中国省域面板数据的经验证据》,《重庆大学学报(社会科学版)》2022 年第 2 期。

[40]王勤、王影:《乡村振兴背景下农村产业融合发展路径探究》,《北京财贸职业学院学报》2021 年第 4 期。

[41]万坚、蒋莉莉:《农村产业融合发展存在的问题及对策》,《理论与当代》2021 年第 5 期。

[42]肖焰、雷雨:《龙头企业引领农村产业融合发展的现实困境及提升路径》,《中国储运》2021 年第 12 期。

[43]谢岗:《构建现代农业产业体系　推进农村产业融合发展》,《江苏农村经济》2020 年第 8 期。

[44]谢佳源、李明宇:《乡村振兴战略与产业多元化发展道路研究——以广西贺州市白山村为例》,《产业创新研究》2022 年第 13 期。

[45]徐北春、张晓峰、杨宁、徐晓红、舒坤良:《以农业高质量发展提升吉林省粮食安全保障能力》,《玉米科学》2020 年第 6 期。

[46]徐璨、李繁:《休闲农业助力农村一二三产业融合的路径研究》,《农村经济与科技》2021 年第 9 期。

[47]颜廷武:《科技创新支撑乡村产业兴旺》,《中国社会科学报》2022 年7 月 7 日。

[48]杨怀东、张小蕾:《现代农业发展的耦合协调性研究——基于湖南省农村产业融合分析》,《调研世界》2020 年第 3 期。

[49]杨勇、李士燃、杨春宇:《从精准扶贫到乡村振兴:逻辑与路径》,《蚌埠学院学报》2019 年第 6 期。

[50]于霄达:《农村产业融合存在的问题及对策分析》,《广东经济》2021年第 9 期。

[51]余涛、郭军:《金融支持农村产业融合的机理、问题与对策研究》,《中国物价》2020 年第 7 期。

[52]詹有为、周航、王二威:《珠海市特色农业全产业链发展对策研究》,《特区经济》2022 年第 1 期。

[53]张超:《东北民俗文化的特征研究》,《开封教育学院学报》2017 年第10 期。

[54]张林、温涛、刘渊博:《农村产业融合发展与农民收入增长:理论机理与实证判定》,《西南大学学报(社会科学版)》2020 年第 5 期。

[55]张裕冬、周华、刘汉威、欧阳诗怡:《乡村振兴战略背景下农村产业融合现实困境与发展对策——以粤西地区为例》,《农村经济与科技》2022 年第13 期。

[56]植草益:《信息通讯业的产业融合》,《中国工业经济》2001 年第2 期。

[57]郑艳娇:《乡村振兴战略视角下山东农村产业融合发展研究》,《安徽

农业科学》2022 年第 3 期。

[58]周振华:《新产业分类:内容产业、位置产业与物质产业——兼论上海新型产业体系的构建》,《上海经济研究》2003 年第 4 期。

[59]周静、葛志军、马荣:《宁夏农村产业融合发展面临的问题与对策》,《安徽农业科学》2022 年第 15 期。

学位论文:

[1]黄漫漫:《乡村振兴视域下我国农村一二三产业融合发展研究》,硕士学位论文,福建农林大学,2019 年。

[2]姜峥:《农村一二三产业融合发展水平评价、经济效应与对策研究》,博士学位论文,东北农业大学,2018 年。

[3]李玉琴:《黑龙江省新型农业经营主体推动农村一二三产业融合发展问题研究》,硕士学位论文,东北农业大学,2020 年。

[4]刘佳明:《农村产业融合推动乡村振兴的机制与途径研究》,硕士学位论文,浙江海洋大学,2019 年。

[5]彭小宇:《产业融合背景下我国休闲农业发展模式及策略研究》,硕士学位论文,长沙理工大学,2018 年。

[6]王涵:《乡村振兴战略下黑龙江省农村产业融合发展水平评价》,硕士学位论文,哈尔滨商业大学,2022 年。

[7]闫田:《内蒙古农村一二三产业融合发展综合评价及影响因素研究》,硕士学位论文,吉林大学,2022 年。

[8]杨晓彤:《辽宁省新型城镇化与产业结构升级的耦合互动关系研究》,硕士学位论文,沈阳工业大学,2021 年。

[9]杨艳丽:《农村产业融合发展水平评价与驱动因素研究》,博士学位论文,东北农业大学,2020 年。

[10]尹贺:《吉林省农村一二三产业融合发展路径研究》,硕士学位论文,

吉林财经大学,2021年。

[11]张媛:《乡村振兴背景下的农村产业融合问题研究》,硕士学位论文,西北师范大学,2020年。

责任编辑：汪　逸
文字编辑：王熙元
封面设计：王欢欢

图书在版编目（CIP）数据

乡村振兴背景下东北地区农村产业融合发展研究/王延伟 著. —北京：
人民出版社,2023.12
ISBN 978－7－01－026281－9

Ⅰ.①乡…　Ⅱ.①王…　Ⅲ.①农业产业-产业发展-研究-东北地区
Ⅳ.①F327.3

中国国家版本馆 CIP 数据核字(2023)第 253560 号

乡村振兴背景下东北地区农村产业融合发展研究

XIANGCUN ZHENXING BEIJING XIA DONGBEI DIQU NONGCUN CHANYE RONGHE FAZHAN YANJIU

王延伟　著

人民出版社 出版发行
(100706　北京市东城区隆福寺街 99 号)

北京九州迅驰传媒文化有限公司印刷　新华书店经销

2023 年 12 月第 1 版　2023 年 12 月北京第 1 次印刷
开本:710 毫米×1000 毫米 1/16　印张:11
字数:151 千字

ISBN 978－7－01－026281－9　定价:56.00 元

邮购地址 100706　北京市东城区隆福寺街 99 号
人民东方图书销售中心　电话 (010)65250042　65289539